JN362625

개에 대한 모든 것을 알아보는

윤신근 박사의
애견사랑

저자 윤신근 박사

지식서관

윤신근 박사의 **애견 사랑**

지은이/윤신근
펴낸이/이홍식
발행처/도서출판 지식서관
등록/1990.11.21 제96호
주소/경기도 고양시 덕양구 고양동 31-38
전화/(031)969-9311(대)
팩시밀리/(031)969-9313
e-mail/jisiksa@hanmail.net

초판 1쇄 발행일 / 2011년 9월 5일
초판 6쇄 발행일 / 2019년 8월 5일

차례

세계의 견종 011

라사 압소 12/시추 13/치와와 14/비글 15/미니어처 핀셔 16/슈나우저 17/복서 18/말티즈 19/닥스훈트 20/바세트 하운드 21/불 테리어 22/브뤼셀 그리폰 23/에어데일 테리어 24/올드 잉글리시 쉽독 25/요크셔 테리어 26/잉글리시 코커 스파니얼 27/저팬스피츠 28/저패니즈칭 29/카발리어 킹찰스 스파니얼 30/페키니즈 31/퍼그 32/포메라니안 33/푸들 34/화이트 테리어 35/브리타니 36/잉글리시 세터 37/진돗개 38/차우차우 39/마스티프 40/달마티안 41/도베르만 핀셔 42/도사견 43/아이리시 세터 44/로트바일러 45/불조이 46/포인터 47/살루키 48/샤페이 49/세인트버나드 50/셰퍼드 51/시베리안 허스키 52/알래스칸 말라뮤트 53/와이마라너 54/골든 레트리버 55/저먼 포인터 56/그레이트 데인 57/그레이 하운드 58/콜리 59/핏불 테리어 60

각종 애견 상식 061

062 개를 구입할 때의 마음가짐

066 개 구입 시기 및 강아지 고르기

068 강아지 구입

069 혈통서

071 애견 구입 뒤 주의 사항

차례

074 개도 주인을 닮는다
- ●진돗개 25 ●푸 들 26 ●말티즈 26 ●불 독 26

077 짖지 못하게 하는 방법

080 기본 훈련

083 대소변 가리기

086 먹이 구입
- ●사료의 장단점 39/건조 사료 39/반건조 사료 39
- ●좋은 영양식품이란? 40

094 애견 관리
- ●여름철 건강 관리 44 ●환절기 건강 관리 47 ●휴가를 떠날 때 50 ●해외로 데려갈 때 52 ●애견 호텔(페텔) 55

106 개의 능력
- ●시 각 56 ●후 각 57 ●청 각 58 ●육 감 59 ●주력 및 균형 감각 59 ●골 격 60 ●수 명 61

112 개의 골격과 순환기계

116 개의 몸짓과 표정
- ●경계하는 몸짓 66 ●자신이 있는 몸짓 66 ●신뢰와 항복 67 ●공포의 몸짓 67 ●위협하는 몸짓 67 ●기뻐하는 몸짓 69 ●불쾌한 표정 69

8 애견 사랑

차례

120 임신과 출산
- ●발 정 70 ●교 배 74 ●임 신 79 ●분 만 83

137 산후 처리법
- ●어미개의 먹이 87 ●강아지 꼬리 자르기 89 ●강아지 구충 89
- ●강아지 눈뜨는 시기와 젖떼는 시기 90

141 피임 수술
- ●암 캐 92 ●수 캐 93

144 질병 예방과 대책
- ●골 절 94 ●걸음걸이의 이상 94 ●발톱 손상 96 ●탈 구 97 ●비만증 98 ●변 비 101 ●식욕 증가 103 ●물을 많이 먹을 때 104 ●체중 감소 105 ●설 사 107 ●이물질 섭취 108 ●유방의 질병 110 ●빈뇨와 혈뇨 111 ●유방암 114 ●항문낭염 115 ●피부병 116 ●개선충(옴, Scabies) 120 ●습진(Eczema) 122 ●건성 습진(Dry Eczema) 124 ●알레르기성 습진(Allergic Eczema) 124 ●윤선(Ring Worm) 126

178 눈(Eyes)
- ●체리 아이(Cherry eye) 129 ●백내장(Cataract) 130 ●녹내장(Glaucoma) 131

182 예방 접종
예방접종 계획표 133 DHPPL(5종 종합백신) 134 홍역(Distemper) 134 ●예 방 136 전염성 간염(Hepatitis) 136 파보바이러스성 장염(Pavo Virus) 137 켄넬코프(Kennel Cough) 139 코로나바이러스(Corona Virus) 139 광견병(Rabies) 141

차례

193 기생충 구제
●회충(Round Worm : Ascaris) 144 ●십이지장충(Hook Worm) 145 ●편충(Whip Worms) 145 ●촌충(Tape Worms) 146 ●콕시듐(Coccidia) 147 ●톡소플라즈마(Toxoplasmosis) 148 ●편모충(Giardia) 148 ●간충(Strongyloids) 149 ●심장사상충(Heart Worms) 149 ●원충성파이로플라즈마(Piroplasma)와 바베시아(Babesia) 150

202 응급처치 및 애견 상식
●상처받은 개 접근법 152 ●상처받은 개 다루기 153 ●인공 호흡 154 ●마사지 요법 155 ●쇼크 처치 155 ●상처 입은 개 옮기기 156 ●독극물을 먹었을 때 157 ●애견 상비약 158 ●체온 재는 법 159 ●강아지 약 먹이는 법 161/알약 먹이기 161/가루약 먹이기 162/물약 먹이기 163/겔(gel)이나 연고 형태의 약 먹이기 163

214 미용(Grooming)
●눈물 자국 164 ●털갈이 166 ●목 욕 168 ●성형 수술 172 ●치아 관리 174 ●귀 청소 176 ●털 손질 177 ●발톱 깎기 178

229 애견용품
●샴푸·린스 179 ●옷 181 ●애견 팬티 181 ●기타 애견용품 182

233 애견 전람회
●애견 관련 단체 186

세계의 견종

라사 압소

라사 압소는 티베트 원산의 소형견이다.
중국개인 시추와 비슷한 외모로 인하여
가끔 시추로 오인받기도 한다.

시추

시추는 중국말로 '사자' 개라는 뜻이다. 중국개인 페키니즈와 많이 닮았으며 중국 원산이다.

치와와

지구상에서 가장 작은 개로 유명하다.
치와와는 단정하고 민첩하며 건방져
보이는 듯한 표정을 가진 개이다.

 # 비글

비글은 보통 짧고 잔잔한 털을 갖고 있지만 털이 거칠고 굵은 종류도 있다. 색깔은 다양하다.

미니어처 핀셔

미니어처 핀셔는 작고 우하하고 생동감을 지닌 작은 개로서 세계에서 가장 인기 있는 소형견 중 하나이다.

슈나우저

슈나우저는 Giant, Standard, Miniature 3종이 있고 이 세 종류 모두 수염을 달고 있다.

슈나우저는 모두 깔끔하게 생겼고 힘세고 단단하다. 성격 또한 활달하고 인내심이 많다.

복서

복서는 세계에서 가장 인기 있는 견종 중의 하나이다. 근엄해 보이는 생김새와는 달리 재롱을 많이 피우고 어린이들과도 잘 어울린다.

말티즈

말티즈는 성격이 점잖은 편이며 아주 착한 개로서 서구에서 가장 오래된 토이견 중 하나이다.

닥스훈트

독일어로 '오소리개'라는 뜻을 가진 닥스훈트는 최근 가장 사랑받는 품종 중 하나이다.

초기의 닥스훈트는 사냥개로 사용되었으며 그 후에는 경주견과 사냥견 등 여러모로 쓰였다.

바세트 하운드

바세트 하운드는 프랑스, 벨기에 등 유럽 일대에서 오랫동안 수렵에 이용돼 온 유럽 '터줏대감' 중 하나이다.

너구리, 메추리 등 새 사냥의 명수이며 겉으로 무심한 듯한, 또는 주름진 얼굴로 인해 수심에 찬 듯하나 실제로는 무척 기민하고 영리하다.

불 테리어

최고의 싸움꾼인 불 테리어는 불독과 올드 잉글리시 테리어를 교배시킨 종이다. 사진은 새끼개이다.

브뤼셀 그리폰

거친 털과 부드러운 털의 두 종류가 있다. 체구는 작지만 단단한 인상이며 성품은 활달하고 민감하다.

에어데일 테리어

애완용 및 수렵·군용견 등으로도 능력을 발휘하며 호기심이 많고 감성 표현이 풍부해 '테리어의 왕'으로 꼽힐 만큼 사랑을 듬뿍 받고 있다.

올드 잉글리시 쉽독

처음에는 소떼를 지키기 위해 만들어졌다. 그러나 지금은 애완용이거나 동반용으로 사육된다.

요크셔 테리어

매력 넘치는 긴 털과 보석 같은 눈동자로 국내에서 가장 사랑받고 있는 소형견 중 하나이다.

잉글리시 코카 스파니얼

이 개는 스파니얼 중에서 가장 강건한 축에 속한다. 미덥고 듬직한 기질을 가진 중형견으로 매우 활동적이다.

스피츠

몸이 작고 털이 순백의 것이 많은 스피츠는 독일의 포메라니아 지방 원산으로 집지키기와 애완용으로 기른다.

저패니즈 칭

칭은 색깔이 흰 바탕에 검정색과 어두운 적색의 큰 반점이 군데군데 있다. 크기는 여러 가지이나 적을수록 좋다.

카발리어 킹찰스 스파니얼

사교적이고 매력적인 이 개는 귀족적인 품격이 넘치며 우아하고 활기와 강인함이 숨어 있다.

페키니즈

페키니즈는 뜻밖의 대담한 행동을 자주 하며 총명하고 표정이 영리하다. 동그랗고 큼직한 눈과 판판한 얼굴을 갖고 있다.

퍼그

퍼그란 옛 중국말로 애완동물, 특히 애완용 원숭이를 귀엽게 일컫는 말이다. 중국에서 처음 유래되었다.

포메라니안

여우 같은 인상을 풍기는 멋진 개로서 100년 전에 영국에서 들어온 영국산 스피츠에서 진화되었다.

푸들

푸들은 스탠더드, 미니어처, 토이 3종류가 있는데 스탠더드 푸들은 원래 사냥개로 쓰였다. 지적인 외형과 쾌활한 성격을 소유하고 있는데 프랑스가 원산지이다.
털색은 황색, 흑색, 흰색이 있다.

 화이트 테리어

화이트 테리어는 튼튼하고 강인해 보이지만 성격이 아주 친근하다. 원래 사역견이어서 인내심이 강하고 겁이 없다.

브리타니

브리타니는 프랑스가 원산이다. 동작이 잽싸고 성격이 온순 명랑해 귀여움을 많이 받는다. 털빛은 오랜지색에 흰색 또는 다갈색에 흰색이다.

잉글리시 세터

잉글리시 세터는 고상한 혈통과 맑은 눈, 친근하고 점잖은 행동거지 등으로 수많은 애견가들을 반하게 한다.

진돗개

우리나라 개로서 천연기념물 제 53호인 진돗개는 네 종류가 있다.
황구, 백구, 흑구, 브린들.

진돗개는 용맹스럽고 영리할 뿐만 아니라 충직함도 대단하다.

차우차우

차우차우는 원래 B.C 1000년 전부터 중국에서 키웠으며 주로 절에서 악령들을 몰아내기 위한 상징용으로 사육되었다.

마스티프

마스티프는 가장 잘 알려진
Old English Mastiff 외에 Tibetan Mastiff와
일본의 도사 등 3종류로 나누어진다.

달마티안

달마티안은 동화 '101마리의 개'에 나와서 유명해진 개이다. 흰색 바탕에 검정색이나 다갈색의 명확한 둥근 반점이 드문드문 박혀 있다.

도베르만 핀셔

도베르만은 독일의 세무 공무원이었던 루이스 도베르만이 20세기 초에 사나운 개를 만들기 위해 여러 견종을 교배시켜 마침내 탄생했시켰다.

 # 도사견

도사견은 투견으로 사육되어 싸움을 좋아하며 참을성이 많다. 가족들에게는 유순하나 낯선 사람에게는 공격적이므로 주의해야 한다.

아이리시 세터

아이리시 세터는 그 매력적인 외모로 인해 개 전람회에 단골로 출품된다. 두드러진 색깔과 표정이 풍부하고도 짙은 눈은 우호적이고 생동적인 이 개의 기질을 잘 나타내 준다.

로트바일러

로트바일러는 도베르만 핀셔와 비슷하지만 더 강인하다. 영리해서 다루기도 쉽다. 둔해 보이나 동작이 빠르다.

볼조이

볼조이는 전통적으로 애견 세계의 멋쟁이라는 정평이 나 있다. 러시아혁명 전의 황실에선 볼조이를 특별히 양육해서 사냥개로 썼다. 겉보기와는 달리 성격이 점잖고 우아하며 동작은 빠르며 근육이 잘 발달되어 있다.

포인터

포인터는 운동이나 사냥개로서 무엇인가를 찾았을 때 코를 그 쪽으로 포인터(지적)하기 때문에 이름을 포인터라고 지었다. 사냥개이며, 이 개의 특징은 깨끗한 용모에 우아한 동작이다.

살루키

살루키는 그레이 하운드 종류 중 가장 오래된 개다. 건조한 사막에서도 일을 잘 하기 때문에 옛날에는 사막 여행의 동반견으로 인기가 많았다.

샤페이

샤페이는 중국 투견으로서 '차이니즈 파이팅 독'이란 별명으로 알려졌다. 얼굴과 온몸에 온통 주름투성이로 되어 있다. 주름 탓에 험악한 인상으로 보이나 오히려 주름이 많을수록 좋은 평가를 받는다.

세인트버나드

이 개는 큰 대형견의 대명사인데, 애초에 추운 지방에서 폭설 때문에 길을 잃은 여행자들을 찾을 수 있도록 훈련받았다. 크고 무거운 체구와 달리 다루기 쉬워 애완견으로 인기가 좋다.

셰퍼드

셰퍼드는 세계에서 가장 유명한 개며 독일의 국견(國犬)이다. 고도의 감각을 가지고 있어 경찰견, 군용견, 맹도견 등 여러 분야에서 훈련에 가장 적합한 개로 만들어졌다.

시베리안 허스키

지금으로부터 약 3000년 전 시베리아에서 에스키모인이 썰매용 개를 만들었는데 이 개가 시베리안 허스키이다.

알래스칸 말라뮤트

알래스카 설원에서 오랫동안 원주민들의 썰매를 끌어온 눈나라 '토종개'로 유명하다. 치밀하고 굵은 이중 털을 가진 덕에 매서운 추위를 견딜 수 있으며 지칠 줄 모르는 인내심과 스태미너를 자랑한다.

와이마라너

독일산 경기견 중 가장 오래된 개다. 보통 크기의 회색 개이며 머리는 포인터처럼 생기고 눈은 옅은 색이다.

골든 레트리버

골든 레트리버는 유쾌하고 붙임성이 있다. 사냥개로도 뛰어나지만, 착한 심성으로 인해 맹인들의 성실한 안내자(맹도견)로 타의 추종을 불허한다.

저먼 포인터

정확히는 저먼 쇼트 헤어드 포인터. 독일이 원산인 포인터종의 조렵견(鳥獵犬)이다. 성질은 온순하나 다른 사람은 잘 따르지 않고 완고하며 추운 곳에 강하다.

# 그레이트 데인

이상적인 그레이트 데인의 체형은 강하고 우아하다. 옆에서 봤을 때 머리는 거드름을 피우는 지휘관처럼 우뚝 선다.

그레이 하운드

그레이 하운드가 경주견으로서 달리기에만 전념하게 된 것은 2차대전 이후부터의 일이며 최근엔 애완견으로 찾는 사람이 많다. 점잖고 호감이 가는 성품과 말쑥한 외모 때문에 애완 가치를 인정받고 있는 것이다.

콜리

콜리는 털이 거친 Rough 콜리와 부드러운 Smooth 콜리 두 종류가 있다. 콜리는 목양견으로 잘 알려진 개였으나 점차적으로 '최고의 개'로 인정을 받게 되었다. Rough 콜리는 우아하면서도 활동적이고 굳센 멋을 겸비한다.

핏불 테리어

핏불 테리어는 가족에 대한 애정이 깊고 인내심이 강하며 순종적이다. 성격은 느긋하고 조용하지만 아주 강인하고 대담하면서 냉철하다.

애견 상식

개를 구입할 때의 마음가짐

오랜 시간 사람과 정을 나누는 동안 개는 단순한 집짐승〔家畜〕이상의 동물 식구로, 인류의 동반자로 무한한 사랑을 받아왔다.

겨우 젖을 뗀 작은 강아지조차도 어린이는 물론 어른들에게 책임감, 이해와 협동심, 사랑, 그리고 자기 자신을 조절할 수 있도록 하는 '사람의 거울' 노릇을 하기에 충분하다. 개는 주인이 잘생기고 못생기고, 또는 우둔하고 현명하고를 따지지 않는다. 모든 주인은 그 애견에겐 첫사랑이자 마지막 사랑의 대상이다.

말 못하는 미물이지만 개는 무한한 사랑과 우정과 신뢰의 원천이다. 그렇지만 이 같은 복

포즈를 취하고 있는
요크셔테리어

소녀가 시추를 사랑스럽게 안고 이소짖고 있다. 애견기르기는 어린이들의 정서 순화에 많은 도움이 된다.

강아지를 돌보고 있는 여자 아이

덩어리를 '아무나 돈 주고 사 버린다'면 불공평하다.

서울 퇴계로 또는 가까운 동네 애견센터 어디에서도 개를 구입할 수 있지만 문제는 이 개가 봉제 인형이 아닌 살아 있는 생명이라는 데 있다.

개를 기르는 즐거움과 함께 '같이 한 집 안에 산다'는 책임감도 마땅히 느껴야 한다.

개를 구입하기 전 우선 강아지를 맞을 준비가 돼 있는지부터 스스로에게 물어 봐야 할 것이다.

첫째, 강아지에게 밥을 주는 일이며 운동 및 훈련, 그리고 매일 빗질과 털손질 등 '귀찮은 일거리'를 자청할 수 있는가? 둘째, 강아지를 위한 충분한 공간 확보는 됐는가?

영양 공급 및 건강 관리를 해 줄 능력은 있는가? 셋째, 암컷을 키울 것인지 수컷을 키울 것인지, 순종 또는 잡종을 구할 것인지 등의 선택은 서 있는가?

 이런 점에 대한 분명한 판단이 애견가의 자격을 결정한다. 개와 사람이 '더불어 누리는' 행복의 질도 대개 구입 전 마음가짐에서 비롯된다.

개 구입 시기 및 강아지 고르기

생후 4개월 이전의 강아지를 고르는 게 좋다. 강아지와 사람이 가장 가깝게 되는 것은 생후 2, 3개월이며 개의 품성도 생후 4개월까지 바탕이 형성되므로 이 시기엔 특히 구입과 초기 관리에 신경을 써야 한다.

사람과 마찬가지로 건강은 역시 외모에 나타난다.

갓 태어난 강아지

강아지 구입시엔 첫째, 눈이 초롱초롱하고 맑은가? 둘째, 귀에서 심한 악취나 염증은 없는가? 셋째, 털은 윤기가 흐르며 외관상 군데군데 털이 빠진 곳은 없는가? 하는 점 등을 살핀다.

잇몸은 창백하지 않으며 건강한 핑크색을 띠어

야 한다. 강아지를 손으로 만졌을 때 반항하듯 꿈틀거려야 힘 좋은 놈이며, 반응 없이 축 늘어졌다면 좋지 않다. 또한 배가 유난히 부풀었다든지, 기침을 해대거나 항문 주위가 지저분한 것도 건강상 결격 사유이다.

강아지 구입

  구입시엔 강아지의 병력, 접종 여부, 구충제 투약 여부 등을 확인한 뒤 수의사의 건강 진단을 받는 게 가장 현명하다.
  낯선 곳에 처음 온 강아지는 바뀐 잠자리와 음식물, 낯모르는 사람들(주인) 탓에 많은 스트레스를 받게 된다. 때문에 강아지를 집에 데려왔을 땐 충분한 휴식 시간과 함께 안심을 시켜줘야 한다.
  특히 어린이들이 귀엽다고 주무르거나 귀찮게 구는 것은 스트레스와 병을 조장하는 셈이므로 처음 며칠은 삼가야 안전하다.

어미를 기다리는 백구 새끼들

혈통서

혈통서는 개의 호적과 같은 것이다. 그러나 혈통서만 있다고 꼭 명견은 아니다. 혈통서가 없어도 영리하고 귀여운 개들이 얼마든지 있다.

혈통서는 조상이 어떤 개인가를 알아보기 위해서, 그리고 근친 교배 등을 방지함으로써 우수한 혈통의 자손들을 배출하기 위해 필요한 자료일 뿐이다. 애견전람회 등에 출전할 때는 혈통서 제출이 거의 필수적이지만 이것 또한 대회의 질을 높이려는 장치일 뿐 혈통서 자체가 일상적 애견 생활에 필수적이란 의미는 아니다.

혈통서는 대략 성별, 생년월일, 털

색깔, 번식업자 주소 및 견사호(犬舍號), 같은 배에서 나온 강아지의 마릿수 등이 기록되며 챔피언이나 수상 경력이 있는 개의 상력도 기재한다.

조상은 대략 4대까지 기록되는데, 보통 혈통서 한 장에 30~60마리까지 기재되며 조상 가운데 챔피언이 있다면 그 이름 앞에 Ch라는 기호가 붙게 된다. 혈통서에 Ch 등, 여러 기호가 많은 개일수록 우수한 가문 출신으로 볼 수 있다.

혈통서 신청은 가까운 동물병원이나 애견센터에 의뢰하면 된다.

애견 구입 뒤 주의 사항

강아지는 구입 뒤 약 1개월 동안의 적응 기간이 필요하다.

생후 2개월 미만 강아지는 갓난아기처럼 환경에 민감해 이 시기에 주인과 개와의 관계, 성격 등이 형성되기 때문에 애견과의 첫 상견례에 신중을 기해야 한다.

강아지를 구입한 뒤 맨 먼저 신경을 써야 할 부분은 강아지의 건강이다. 평생 약골로 골치를 썩지 않기 위해서는 생후 3개월 이내에 식사, 질병, 보온 등에 이르기까지 세심한 보살핌으로 건강의 기초를 닦아 줘야 한다.

실내 기온은 20~23°C의 적당한 온도를

밥을 서로 먼저 먹으려고 덤벼드는 진돗개 강아지들

강아지 인형이 주인을 기다리고 있다.

유지해 줘야 하며 적당한 식사, 충분한 수면과 스트레스 방지 등이 적응 기간 동안의 관리 요령이다.

아파트에 살고 있는 애견들은 온도 변화에 의한 감기 걱정은 할 필요가 없으며 식사는 소량씩 하루에 네다섯 번 주고 수분 섭취를 위해 신선한 물을 물그릇에 미리 준비해 둬 탈수증을 예방해 준다.

강아지를 집에 데려오면 식구들이 반갑다고 마구 만져 스트레스를 심하게 받아 질병이 생길 수 있으므로 주의를 해야 한다. 어린 강아지는 소화력이 약하기 때문에 우유를 먹이는 것은 금물이며, 특히 돼지고기나 닭고기 등 기름기가 많은 음식이나 생선뼈, 오징어, 쥐포 등도 설사의 원인이 되므로 삼가야 한다.

강아지에겐 설사가 가장 치명적인 병이다. 설사로 인하여 심한 탈수 현상을 보여 죽는 경우가 많기 때문에, 탈수 방지를 위해 음식물 보급을 중단하고 보리차에 설탕을 적당히 넣어 1, 2시간 간격으로 물만 먹이다가 차도가 없으면 곧바로 수의사를 찾아야 한다.

목욕은 지나친 냄새가 나는 경우를 제외하곤 집에 데려온 뒤 1주일 이후에 약 1주일 간격으로 시켜 줘야 한다.

개도 주인을 닮는다

개 주인이 개를 닮아 간다(?).

사람도 부부끼리 닮아가듯 애견 생활을 하는 사이 개가 주인을, 주인이 개를 닮아가는 게 자연스럽다.

사나운 투견을 좋아하는 사람은 적극적이고 뚝심이 센 반면, 앙증맞은 작은 개를 좋아하는 사람은 자상하

애견 미용사가 푸들의 털을 예쁘게 손질해 주고 있다.

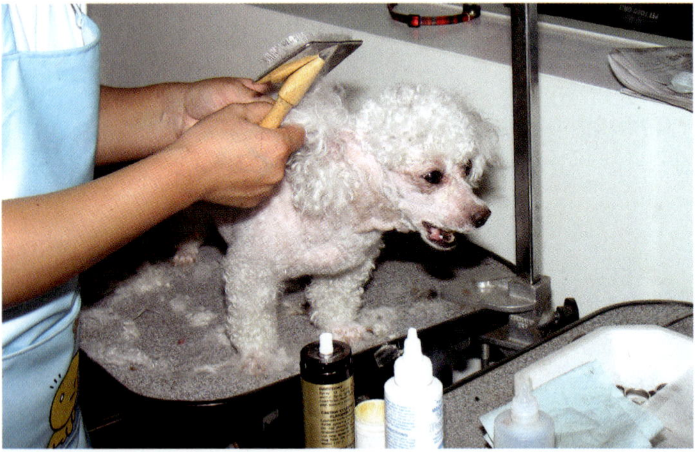

고 잔정이 많다고 보면 비교적 정확하다.

때로는 주인이 뚱뚱하면 몸집까지 주인을 닮아가곤 한다. 예를 들면 진돗개는 일반적으로 무뚝뚝하고 붙임성이 덜하지만, 기르는 주인에 따라 소형견 뺨치게 애교가 넘치는 귀염둥이로 변하기도 한다.

개의 성격도 각양각색인데, 수백 종이 넘는 개마다 외모와 성격이 제각각이므로 견종 선택도 '배우자 택하듯' 자신과 호흡이 맞는 개를 택하면 애견 생활의 재미를 배가시킬 수 있다.

● 진돗개

의연하고 침착하고 늠름하다. 걷는 모습도 의젓해 성격과 외모까지 한국 사람의 장점을 그대로 닮았다. 주인 한 사람만을 위해 유사시 목숨을 내걸 만큼 충직한데 비해 평상시 애교나 사교성이 떨어져 무뚝뚝해 보이는 것조차 한국 사람의 복사판이다.

하지만 이것도 기르는 사람 나름으로 최근 미국 LA 등지에 진돗개 사육이 늘면서 주인과 실내 거주를 같이하는 '미국

강아지 밀랍 인형

식 교육'을 받은 진돗개들은 잔정과 애교 표현에 있어서도 소형 애완견 못지않아 주위를 놀라게 한다.

푸들

●푸 들

소형견 가운데서 제일 영리한 편이다. 대소변 가리기는 물론 뛰어난 기억력과 눈치로 실내 사육에 최적이다. 뿐만 아니라 여성스러운 용모와 달리 용맹해서 훈련 여하에 따라 물새, 물오리 등 작은 새의 수렵용으로도 그만이다.

●말티즈

비단 같은 긴 털외투를 걸친 외모와 애교가 만점이지만 푸들에 비해 약간 아둔한 게 흠이다. 주인의 보살핌과 끈기가 필요하다.

●불 독

부드러운 마음씨가 장점이며 찌그러진 코와 딱 벌어진 가슴, 굵고 짧은 다리 등 '위압적인 외모'에 비해 사귈수록 순진한 품성으로 마음을 끈다. 요즘엔 투견보다 애완견으로 키우려고 찾는 경우가 대부분이고 의외로 젊은 여성층 수요도 잦다.

짖지 못하게 하는 방법

요즘은 실내에서 사육하는 애견들이 많아 소리 높여 짖는 개들 때문에 골칫거리다.

서울뿐만 아니라 전국 어느 도시 할 것 없이 애완견을 사육하는 인구가 많아지다 보니 큰 문제는 안될지라도 한밤중 이웃에서 사육하는 개가 마구 짖어댄다면 짜

현대 사회의 애견기르기는
이웃에 피해를 주지 않도록 각별히 주의해야 한다.

증이 나기 마련이다. 더구나 귀한 손님을 접대하고 있을 때 난데없이 튀어나와 짖어대어 주인을 무안하게 만들기 일쑤이다.

생후 2개월 이내의 어린 강아지를 처음 구입했을 때는 대개 외로워서 끙끙거린다.

이 철부지 강아지를 위로하기 위해서는 비슷한 또래의 개를 함께 키우는 것이 좋지만 여의치 않을 경우엔 개의 옆자리에 소리나는 장난감이나 시계를 놓아두면 금세 잠잠해진다. 문제는 어렸을 때부터 함부로 짖지 않도록 훈련시켜 주는 것인데, 철저한 반복 훈련과 조기 교육이 필요하다.

푸들은 흰색, 검은색, 은색, 회색, 황색 등 다양한 털 색깔을 가지고 있다.

개를 짖지 않게 교육시키려면 약간의 물리 요법이 필요하다. 강아지의 경우 처음 짖었을 때부터 '안 돼' 하며 손바닥을 펴 보이면서 타이르듯 일러 준다. 그래도 계속 짖으면 코끝을 살짝 꼬집어 주며 '안 돼'라고 표시해 준다.

또한 신문지를 말아서 엉덩이를 살짝 때려주는 것도 좋은 방법이며, 성견의 경우는 물총을 쏘아 주거나 빈 양철통을 두드리며 짖지 말라고 크게 소리를 지르는 것도 효과적이다.

물총을 쏠 때는 귀에 물이 들어가지 않도록 조심해야 한다.

우아한 자태를 자랑하는 말티즈

최근 짖는 것을 방지하기 위하여 전기 충격용 목걸이, 성대 제거 수술 등이 있으나 짖지 않도록 훈련시키는 게 제일 좋은 방법이며, 따끔하게 타일러

주인과 놀러나온 불독

주면서 '애견 식구' 나름의 규칙을 지키도록 한다면 강아지 기르기에 별 어려움이 없을 것이다.

기본 훈련

'세 살 버릇 여든까지'는 개도 마찬가지다.

귀엽다고 응석을 받아만 줘서는 제멋대로 구는 천덕꾸러기나 심지어 주인도 몰라보는 '망종'이 되기 쉽다.

'안 돼'의 금지 명령이나 '앉아' '서' '이리 와' 등 기본적인 명령어를 알아 둬야 동물 식구로서 자격이 있다. 뜻밖의 교통 사고나 이물질 섭취로 인한 중독 등을 방지하는 것도 개 훈련의 목적이다.

개 기초 훈련 적기는 생후 3, 4개월부터이다. 대소변 가리기나 함부로 물어뜯는 버릇 교정 등 '유아기'의 예의범절 교육을 끝낸 직후부터 기초적인 명령어 알아듣기를 시작한다.

도베르만핀셔, 셰퍼드 등 훈련성이 좋은 개들은 생후 4개월쯤 아예 전문 개 훈련소에 위탁 교육을 맡기는 것이 좋지만 소형 애완견류의 기초 훈련은 집에서도 충분히 가능하며 이 편

이 오히려 애견 생활의 즐거움을 더해 준다.

　기초 명령어 훈련 때엔 간단 명료한 발음으로 애정을 가지고 반복 교육시키는 게 요령이며, 우선 금지 명령인 '안 돼'부터 가르쳐 준다.

　'안 돼'라는 단어는 개의 감정 표현에서부터 동작 하나하나에 이르기까지 모든 분야에 통하는 가장 기초적인 금지어다. 또한 주인에 대한 절대적인 복종의 바탕이 된다.

멋진 자태를 자랑하며 포즈를 취하고 있는 도베르만 핀셔

자신의 개를 훈련시키고 있는 모습.
말을 듣지 않는 애견은 코끝을 살짝
꼬집으며 "안돼!"라고 주의를 준다.

 잘못된 행동을 했을 때는 수시로 엄한 목소리로 '안돼' 하고 말해 준다. 명령을 알아들을 때까지 신문지로 엉덩이를 가볍게 때리는 등 약간의 육체적 제재도 겸해 준다. 하지만 머리를 때리는 것은 절대 금물이다.

 훈련을 할 때엔 어느 경우에나 과도한 육체적 제재보다는 칭찬이 효과적이다. 특히 개를 나무랄 때 개 이름을 크게 불러 겁을 주면 개가 주인을 멀리하게 되므로 칭찬할 때만 불러 준다.

대소변 가리기

 어려서부터 대소변 가리는 훈련을 시켜 주면 아파트나 실내에서도 애견을 사육하는 데 별다른 어려움이 없게 된다. 화장실 훈련은 실내를 청결하게 유지하는 것뿐만 아니라 인내심도 길러 주는 기초 훈련이 된다.
 대소변을 가리는 훈련은 무엇보다도 계속적인 반복 훈련과 인내심이 필요하며, 칭찬 또한 아끼지 말아야 한다.
 강아지도 사람과 마찬가지로 아침에 잠에서 깰 때쯤 요의(尿意)나 변의(便意)를 느끼게 되므로 이 시간대를 택해 매일 방바닥에 신문지를 깔아 놓고

배변 훈련기

산책하는 백구 새끼

대소변을 보게끔 훈련을 시켜 주면 된다.

처음에는 방바닥 일정한 곳에다 신문지를 깔아 놓고 훈련을 시키다가 점차 익숙해지면 신문지를 화장실 쪽으로 조금씩 이동해 가면서 훈련시켜 줘야 한다. 갑자기 이동하면 강아지가 이해하지 못하기 때문이다.

대소변을 일정한 장소에서 잘 치르게 되면 칭찬해 주는 것을 잊지 말아야 하며, 머리를 쓰다듬어 주면서 맛있는 먹을 음식을 주면 강아지는 칭찬과 포상을 받기 위해 그 곳에서 계속 대소변을 보게 된다.

만약 지정된 장소에 대소변을 보지 않을 경우엔 엉덩이를 손바닥으로 살짝 때려 주며 소리를 치고 따끔하게 꾸짖어 주되, 잘못했을 때는 곧바로 나무라야 하며, 시간이 오래 지

개 방석

난 뒤에 나무라면 강아지는 무엇 때문에 꾸지람을 듣는지 이해하지 못하고 역효과만 난다.

최근 애견 상가에 나와 있는 대소변 유도제로는 '굿보이' 등 액체로 된 것으로, 냄새에 의해 개의 코를 자극하여 한 두 방울만 떨어뜨려도 대소변 시기와 장소를 개가 알도록 해주는 약제들이 많이 나와 있다.

유리벽에 기대어 쉬고 있는 강아지

이 밖에 대소변 유도제가 겉면에 발라져 있어 간편하게 사용할 수 있는 패드, 강아지용 변기 등이 시판되고 있다.

하지만 어디까지나 보조 기구이며, 타이르고 얼러 주는 끈기 있는 반복 훈련이 역시 제일이다.

먹이 구입

애견용 사료 시장 개방에 따라 국내에도 외국산 사료가 많이 수입되고 있다.

국내에서 생산된 사료는 대형견 사료를 제외하고는 소형 애완견의 경우 수입 사료에 완전 열세를 면치 못하고 있는 실정이다.

미국이나 캐나다, 호주의 경우는 풍부한 부산물과 저

수입산 고급 애견용 사료들

렴한 원료 등 좋은 조건과 고도의 생산 기술로써 우리와의 경쟁을 압도하고 있는데, 이 같은 사료의 '서세동점(西勢東占)' 현상은 이웃 일본에서도 역시 마찬가지이다.

애견 건강을 위해선 결국 제품의 국적을 떠나 소화흡수가 잘 되고 영양이 좋은 사료는 무엇이며, 어떠한 사료인가를 잘 선택하는 일이 가장 중요하다.

그렇다면 어떤 사료가 좋은 사료인가? 맛이 좋다고 꼭 좋은 사료는 아니라는 사실을 명심해야 한다.

너무 맛이 좋은 사료는 지방분이 많이 들어 있어 쉽게 비만을 일으킬 수 있으므로 신중을 기해야 하며, 다 자란 성견에게 맛좋은 어린 강아지용 사료(성장용 사료)를 먹여서는 절대로 안 된다. 성견은 체력을 유지해

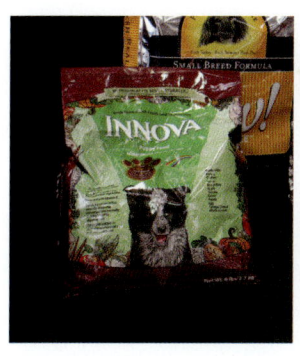 

개껌　　　　　　　　　　　애견용 간식

주는 유지 사료(성견용 사료)를 먹여 줘야 건강을 유지하고 비만을 방지할 수 있다.

한편 어린 강아지에게 영양가가 적은 성견용 사료를 먹이게 되면 잘 자라지 않을 뿐만 아니라 소화 장애를 초래하여 설사를 일으킬 위험이 있으므로 반드시 강아지용 사료를 먹여야 한다.

그런데 우리나라 애견들은 입맛이 고급이라 그런지, 주인이 미처 알지 못해서 그런지 무조건 맛있는 사료만 선호하고 있으므로 문제이다.

국내에 시판되고 있는 우량 사료로는 페디그리, 퓨리나, 힐스, 로얄캐닌, 아보덤, 제로니, 유카누바, 대한사료, 우성사료, 마원사료, ANF, 하인즈, 내추럴초이스, 알포 등이 있다.

애견종합백화점에 진열되어 있는
여러 가지 애견 사료와 개껌들

사료 선택 역시 개의 건강에 직결되기 때문에 신중을 기해야 할 일이다.

● 사료의 장단점

건조 사료

건조 사료는 가장 경제적이며 먹이기 쉽고 냉장이 필요 없는 등 저장까지 간편해 각종 개 사료 가운데 가장 권할 만하다.

밥그릇에 부어 놓으면 배고플 때 알아서 먹게 되므로 간편할 뿐만 아니라 물이나 깡통 사료에 섞어 먹여도 된다.

반건조 사료

반건조 사료는 먹이기 쉽고 아주 맛이 좋으며 저장이 편리하다. 냉장 보관이 필요 없고 여행시 휴대가 간편하다. 값이 비싼 게 흠이지만 맛이 좋아 과식할 우려도 있다.

통조림 사료

통조림 사료(Can food)는 아주 맛이 좋은 게 장점이지만 값이 비싸고, 개봉 뒤엔 냉장 보관해야 하며 쉽게 상할 염려와 맛이 좋아 과식할 우려가 있는 등 단점도 있다.

마른 사료와 섞어서 먹이는 방법과 깡통 사료만 먹이는 방법이 있다.

입맛이 없는 강아지를 위한 깡통 사료

●좋은 영양식품이란?

'밥이 보약'은 개에게서도 마찬가지다. 균형 있는 식사는 성장, 번식, 건강 유지와 질병을 이길 수 있는 힘을 길러 준다.

최근 우리나라에서도 애완견 사료 사용이 보편화돼 가정에서 만들어 주는 음식의 영양상 결점과 번거로움을 보완해 주고 있다.

시판되는 애견 사료는 영양 공급 측면에서 편식 가능성을 줄여 줄 뿐 아니라 시간과 경비 절감에서도 큰 도움을 준다.

개의 신체 활동에는 탄수화물, 지방, 단백질

의 원활한 대사가 필수적이다.

　탄수화물은 장 운동을 촉진하고 변비를 예방해 주는 주요한 영양소의 하나이다. 주로 곡물류, 식물성 섬유소, 녹말, 당분 등에 많이 함유되어 있다.

　단백질은 필수아미노산과 아미노산으로 구성돼 있으며 체내에서 만들어 내지 못하므로 음식물을 통해서 공급해 줘야 한다.

　주로 계란, 콩, 우유, 생선, 고기 등에 필수아미노산이 함유되어 있으며, 체내에서 성장・건강 조직 유지와 치유・항병력 등을 길러 주는 한편 호르몬 및 효소 형성에도 이용된다.

　지방은 개 사료에 적당히 함유되어 있으며 맛 결정에 중요한 역할을 한다. 건강한 피부와 털에 상당량 필요하며 모자라게 되면 피부와 털이 거칠어진다.

　비타민은 생명에 필수적이진 않으나 결핍일 때는 장애가 일어나므로 음식물에 소량씩 균형 있는 공급을 해줘야 한다. 설사가 오래 계속되면 수분뿐만 아니라 비타민도 막대한 손실을 가져오게 된다.

무기질은 정상적인 신체 활동과 뼈의 발육에 꼭 필요한데 애견용 사료에는 나트륨, 칼륨, 철분, 칼슘 등이 골고루 함유돼 있다.

수분은 필수적이며 하루 체중 1kg당 50cc의 물이 필요하다(예컨대 체중 3kg짜리 요크셔테리어라면 하루 150cc의 물이 필요하다).

그러나 젖을 먹이는 어미개나 무더운 날씨, 운동 뒤, 설사나 구토로 인한 탈수 때는 더욱 많은 물을 마시게

푸른 눈을 가진 말라뮤트 강아지가 사색에 잠겨 있다.

앙증맞은 시추 강아지가 사색에 잠겨 있다.

된다.

또한 깡통 사료보다 건조 사료를 먹게 되면 수분을 더 많이 요구하게 되므로 물을 충분히 공급해 주어야 한다.

애견 관리

● **여름철 건강 관리**

고온다습한 여름 날씨 특성상 개의 피부와 음식물 관리가 제일 중요하다. 음식물이나 식사에 있어 우선 배탈의 원인이 되는 과일 등을 멀리하고 청결에 신경을 써 줘야 한다.

진돗개 어미와 새끼들이 열악한 환경에서 지내고 있다.

참외, 수박 등 여름 풋과일은 수분이 많아 대부분의 개, 특히 강아지는 조금만 먹어도 설사를 일으키기 쉽다. 특히 자두 등 씨가 있는 과일은 개가 씨를 삼켜 복통을 일으키게 되므로 금물이다.

대형견은 복숭아 씨까지 예사로 삼키므로 무심히 개가 보는 데서 먹다 남은 자두, 살구, 복숭아 등을 버리는 일은 삼가야 할 뿐만 아니라 아예 과일 종류 전체를 개로부터 멀리하는 게 바람직하다.

개가 귀엽다고 콜라, 사이다 등 음료수를 마구 주는 것도 십중팔구 배탈의 원인이 된다. 또한 여름철엔 개밥 등 건조 사료에도 습기가 차므로 개밥을 주기 전에 곰팡이가 슬지 않았는지 등, 신선도를 미리 확인해 둬야 한다.

통풍, 온도 조절 등도 여름철 개 건강 관리의 필수 사항이다. 개는 털이 길고 땀샘이 잘 발달되지 않아 다른 동물에 비해 유난히 더위를 타며 피부병, 열사병 등 질병 발생률도 여름철에 많다.

에어컨을 틀어 줄 경우엔 개에게 직접 바람이 가지 않도록 하고, 외출할 때는 틀어 놓고 나가지 않도록 주의해야 한다. 장시간 에어컨을 쐬면 감기 등 냉방병의 원인이 된다.

선풍기 바람을 틀어 주는 것도 좋은 피서법 가운데 하나인데 엉덩이, 등 쪽에서 바람을 불어 주도록 하며, 역시 장시간의 선풍기 바람은 기관지염이나 감기의 원인이 되므로 피해야 한다.

이 밖에 가장 손쉬우면서도 안전한 피서법으로 찬물 목욕과 얼음주머니 사용을 권할 만하다. 찬물을 담아 놓고 사지와 꼬리→엉덩이→배→가슴 순으로 물을 적셔 준 다음 야외에서 자연 건조시키면 무더위를 먹은 개도 금방 활력을 되찾는다.

요크셔테리어, 시추, 말티즈 등 더위를 특히 못 이기는 장모종은 얼음주머니에 수건을 싸서 개집 옆에 놔두면 개가 스스로 '알아서' 물베개를 하고 노는 등 피서를 즐긴다.

●환절기 건강 관리

환절기엔 특히 감기를 조심해야 한다. 날씨가 갑자기 쌀쌀해지거나 풀리면 감기에 걸려 동물병원을 찾는 개들이 많아진다. 세균과 바이러스가 복합 침투해 한번 걸리면 오래가고 잘 낫지 않는 게 감기의 특징이다.

홍역이나 전염성 간염 등과 합병증으로 인해 자칫 개의 목숨까지 잃는 사례도 잦아 애견가와 수의사에게 골칫거리가 되고 있다.

감기는 일교차가 심한 환절기뿐 아니라 이사, 장거리 여행 등으로 인한 스트레스와 목욕 뒤 물기를 말려 주

애견 판매장에서 주인을 기다리는 강아지들

지 않았을 때도 갑자기 걸린다. 개가 거칠고 발작적인 마른 기침을 해대며 목에 소량의 점액이 보일 땐 일단 감기로 의심해 봐야 한다.

감염 초기엔 체온이 정상(38.5~39℃)이지만 세균 감염 등 합병증으로 발전되면 40℃ 이상의 고열에 시달

주인의 팔에 안겨 있는 요크셔테리어

산책 나온 진돗개 강아지

리며 기침 끝에 음식물을 모두 토해내 버리기도 한다. 감기에 감염되었을 때는 어느 경우에나 '그냥 감기려니' 하고 방심하지 말고 조기 발견과 세심한 치료가 중요하다.

짧으면 5~10일 이내에 완치되지만 한 달 이상 기침

을 해대기도 하므로 주사 1, 2대로 성급하게 완치를 기대하지 말아야 한다.

동물병원을 찾게 되면 수의사는 광범위 항생제, 면역 촉진제, 거담제 등을 투여해 줄 것이다. 병원에 다니며 계속해서 통원 치료를 하는 한편 집에서는 '잘 먹이고 잘 재워' 줌으로써 체력을 북돋워 준다. 비타민 C와 고단백 위주로 식단을 짜고, 보온에도 신경을 써 털이 짧은 개는 옷을 입혀 주는 것도 좋은 방법이다.

자신에게 관심을 가져 달라며 마구 짖는 강아지

다른 질병과 마찬가지로 감기 역시 치료보다 예방이 최선인데 피하 및 근육주사나 코에 접종하는 비강 접종약 등 예방 주사약이 나와 있다. 종합백신(DHPPL)엔 감기예방 성분이 들어 있지 않으므로 일년에 두 차례씩(봄, 가을) 별도 접종을 해 줘야 안전하다.

애견 중에서 가장 덩치가 큰 세인트버나드.
덩치가 큰 놈들은 대개 성질이 온순하다.

● 휴가를 떠날 때

바캉스철이 다가오면 방학을 맞은 꼬마들과 온 식구가 머리를 맞대고 여름 휴가 여행 계획을 짜느라 즐겁지만, 휴가 기간 동안 집에서 기르는 애견 처리 문제가 큰 골칫거리다.

1년 이상 된 성견의 경우 깨끗한 물과 건조 사료만 충분히 준비해 두면 이틀까진 혼자서도 거뜬히 견딘다.

하지만 3일 이상 집을 비울 때 강아지는 물론 성견도 주인이 책임을 져야 한다. 친척집이나 애견 호텔 등에 아예 맡겨 두고 가거나, 귀찮더라도 동반해 줘야 하는 것이다.

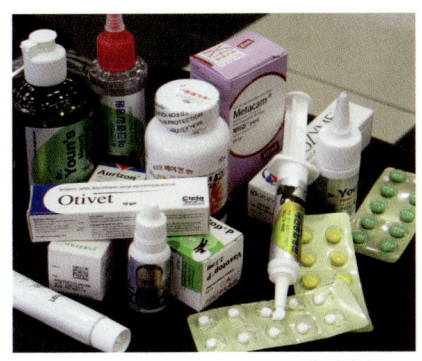
각종 애견 상비약

 승용차 여행이 보편화된 요즘 애견 동반 여행 때엔 열사병과 멀미가 가장 큰 적이다. 따가운 해수욕장 등에서 3, 4분만 개를 차 안에 가둬 두면 금세 열사병과 탈수 현상이 오므로 잠시라도 혼자 개를 차에 놔 두는 것은 금물이다.

 멀미 방지를 위해서는 떠나기 전 식사를 한 끼 거르거나 동물병원에서 멀미 방지 주사 또는 멀미약 등을 이용하면 된다.

 멀미약을 먹이더라도 출발 직후 차 안에서 토해내 버릴

애견 장난감들

101

염려가 있으므로 떠날 땐 기왕이면 멀미 주사를 맞히는 게 낫다.

멀미약은 귀가 여행에 대비해 따로 몇 회분 준비해 두고 애견용 소화제, 설사약, 감기약과 소독약, 붕대, 반창고 등 구급 세트도 미리 갖춰 두면 안심할 수 있다.

이 밖에 교통 체증에 대비해 충분한 물을 미리 준비해야 하며 집에서 쓰던 개집과 목걸이, 개 밥그릇, 장난감 등 간단한 애견 '가재 도구'도 같이 가지고 다니면 개가 환경 변화에 낯설어하지 않는다.

가장 속편한 방법은 바캉스 애견 호텔에 위탁 사육하는 것이다.

여행을 떠날 때 꼭 필요한 휴대용 개집과 애견들의 치아를 위한 개껌

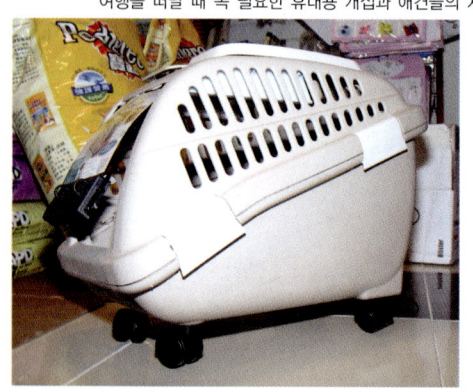

● 해외로 데려갈 때

개 밥그릇

해외 여행 자유화(1989년)와 함께 동물 식구들의 '물건너' 나들이도 부쩍 잦아졌다.

수십 시간씩의 지겨운 비행기 타기가 예상되거나 낯선 해외 여행에 애견만큼 든든한 동반자가 또 있을까. 언뜻 번거롭게 여겨지기도 하지만 건강 진단서나 동물 검역증 등 '법대로' 서류만 갖추면 뜻밖에 절차가 수월할 뿐만 아니라 해외 여행의 즐거움을 배가시킬 수 있다.

첫째, 애견 동반 해외 나들이 때에도 우선 국내 동물병원 수의사의 보증이 필수다. 동물병원을 찾아 수의사가 발행한 건강 진단서와 광견병 접종 증명서부터 먼저 받아둔다.

둘째, 탑승 수속 때 이 서류를 공항 동물 검역소에서 정부 발행의 동물 건강 보증 서류와 교환, 해당 항공사에 제출한 다음 비행기에 탑승한다.

셋째, 외국에 도착하면 해당국 동물 검역소에 서류를 제출, 검역을 받는다.

외국의 검역 기간은 나라마다 일정치 않으나, 출국 1

개월 전 광견병 접종이 확인된 경우 대부분 국가에서 당일 통관을 허가해 주고 있다.

장기 여행 때엔 사료와 물을 개집에 충분히 넣어둬야 하며 미리 해당 항공사와 애견 운송에 관한 사항을 협의, 만전을 기해 두면 더욱 좋다. 물론 개를 '데리고' 다니는 만큼, 어느 경우에나 '모시고' 다니는 부담이 예상된다면 아예 동반 여행을 포기하는 게 서로를 위해 현명하다.

●애견 호텔(페텔)

애견 인구의 증가 추세와 함께 해외 여행, 지방 출장,

애견 호텔. 장기간 여행을 할 때는
애견을 애견 호텔에 맡기고 가는 게 최선이다.

집안의 크고 작은 애경사(哀慶事), 그리고 여름철 바캉스 여행 등으로 개를 잠시 동안 사육치 못할 경우, 애견을 돌봐 주는 애견 호텔이 갈수록 인기를 더해가고 있다. 국내 애견호텔 제 1호인 서울 퇴계로 소재 애견종합병원은 에어컨과 독립 위탁시설을 갖추고 있어 애견 고객 관리로 좋은 반응을 얻고 있다.

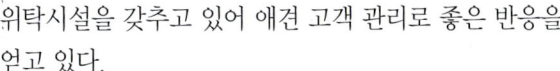

 애견 호텔의 주 고객은 소형견으로 푸들, 말티즈, 포메라니안, 치와와 등이며, 고급견의 경우 특별 서비스가 필요하므로 숙박비도 더 높다.

 애견 호텔에 위탁하고 싶을 때엔 시설을 둘러보고 애견의 식사 습관, 식사량, 예방 접종 여부 등 사육 정보를 호텔측에 알려 주어야 하며, 너무 버릇없이 구는 개나 너무 짖어대는 등 문제가 많은 개들은 특별 관리해 준다.

개의 능력

동물은 우리 인간에게서 찾아볼 수 없는 여러 가지 능력을 소유하고 있는데 특히 개에게는 뛰어난 몇 가지 능력이 있다.

● 시 각

개는 눈이 아주 나빠 근시에다 색맹이다. 원래 야행성 동물이기 때문에 어두운 곳에서는 색깔을 볼 필요가 없었고 오히려 냄새를 맡는 쪽이 중요했던 관계로 시각

여러 가지 개의 눈 모양.
개는 눈이 아주 나빠 근시에다 색맹이다.

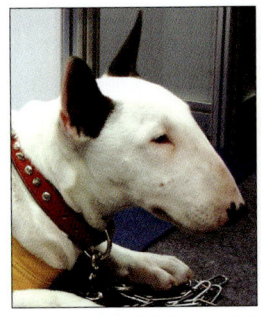
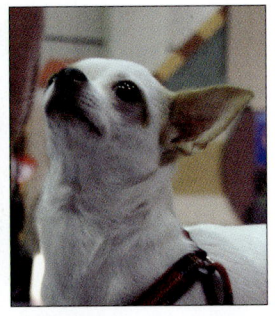

여러 가지 개의 귀와 코 모양.
개는 후각이 매우 발달되어 있어서
사람보다 5천 배는 잘 맡는다고 한다.

기능이 다른 감각에 비해 퇴화되었다. 하지만 움직이는 것을 발견하는 데는 매우 민첩한 편이다.

● 후 각

 첫번째로 손꼽을 수 있는 것은 예민한 후각인데, 바람이 없고 약간 습한 날씨라면 2일 정도 지난 냄새의 흔적도 맡을 수 있을 정도다. 그래서 개는 '코의 동물'이고 냄새를 잘 맡는 사람의 코를 '개코' 라고 한다. 냄새가 묻은 직후라면 많은 손수건 가운데 사람이 쥐었던 손수건을 금세 찾아낼 만큼 개의 후각은 예민하다.

● 청 각

소리를 판별하는 능력이 뛰어나서 사람의 8배나 되는 먼 곳에서도 소리를 판별해 낼 수 있다. 미세한 소리에도 일어나 짖어대므로, 그 능력이 경비견으로서의 역할을 해내는 데 큰 몫을 한다.

개의 뛰어난 청력은 소리를 모으는 이개(귓바퀴)에 의해서 발휘된다. 이개의 내피 부분과 이공(귓구멍)의 시작 부위는 분홍색이며, 귓속에는 노란 젤 상태의 물질과 털이 있다.

이 부위는 파리 등 곤충의 침입을 막으며 불필요한 먼지를 없애는 역할도 한다. 만약 이 부위가 붓거나 여러 가지 분비물이 배출될 땐 귀의 염증을 의심할 필요가 있다.

요크셔테리어, 푸들 등 강아지의 귓속에는 이어 마이트(Ear mites;귀진드기)가 많이 들어 있어 냄새 및 염증을 유발하게 되므로, 이어 마이트 구제용 귀약 등으로 5일 간격으로 한 번씩 닦아 줘야 한다.

이공은 L자 모양이며 고막은 귀의 맨 안쪽에 있다.

● 육 감

개는 육감이라고 할 수 있는 방향 감각이 있다.

그래서 주인과 함께 외출했다 집을 잃어버리거나 멀리 떨어진 경우에도 오랜 시간 뒤에 집을 찾아오는 귀소 능력이 탁월하다.

● 주력 및 균형 감각

달리기 선수인 그레이하운드의 경우 시속 67km의 빠른 속력으로 달릴 수 있다.

산책 나온 진돗개 백구 강아지들

개는 몸의 균형을 잡는 평형 감각이 보통이다. 고양이는 어떤 자세에서 떨어뜨려도 똑바로 착지하며 멀미를 하지 않지만, 개는 길들이지 않으면 멀미를 한다.

●골 격

만약 뼈가 몸을 지탱해 주지 않는다면 개는 피부와 근육만 남게 될 것이다. 뼈는 필수 영양소인 칼슘과 인을 생체가 필요로 할 때마다 분비시켜 주는 일을 한다.

칼슘이 부족하면 개의 심장 박동이 미약해지므로 새끼에게 젖을 먹일 때의 어미개나, 성장중인 강아지에게는 충분한 칼슘 공급이 꼭 필요하다.

어미개를 기다리는 강아지들

또한 개가 뛰고 걷고 활동하기 위해서는 크고 작은 뼈들이 필요한데, 뼈의 수는 대략 250개 정도이다.

● 수 명

호주 빅토리아주의 로체스터 시에 살았던 레스 홀씨 소유 '브루이'란 호주의 소몰이 개는 무려 29년 5개월(1910~1939)이나 주인 곁에 머물며 세계 최장수를 기록했다.

볼조이

영국 웨스트미드랜시 에브린·브라운 여사 소유의 콜리 '타피'는 27년 10개월(1952~1980년)씩 생존해 개 장수 부문 기네스북에 올랐다. 이들 장수견들은 사람 나이로 치면 1백 살 이상씩의 천수를 누린 셈이다.

이에 비해 가정에서 기르는 보통 개들의 정상적인 수명은 8~15년 정도다. 최근엔 개 예방 주사와 건강 관리 등 현대 수의학이 발달해 개도 수명이 늘어나는 추세다.

교통 사고나 감전 등으로 인한 안전 사고가 빈발해

개의 골격과 순환기계

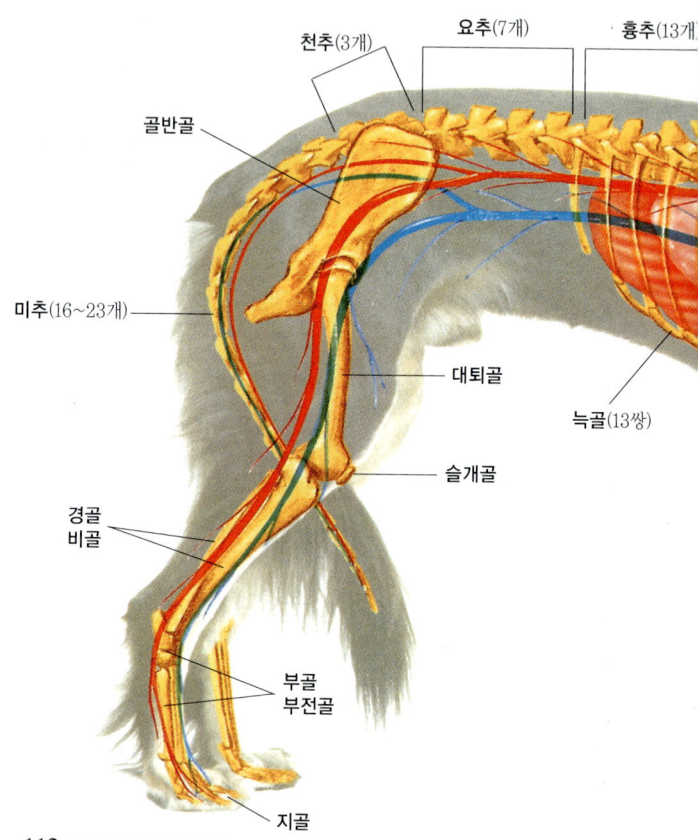

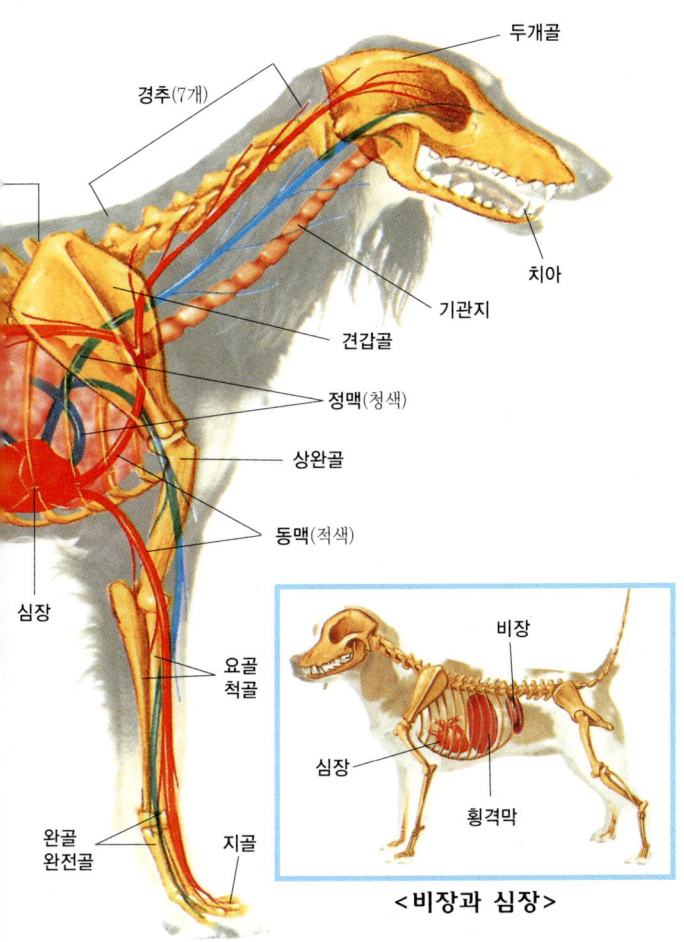

<비장과 심장>

개선충 피부병에 걸린 귀.

횡액을 당하는 경우도 많지만 평소 주인이 건강 관리에만 신경을 써 주면 애견의 '무병장수'는 그다지 어려운 일이 아니다.

하지만 오래 산다고 능사는 아니다. 특히 실내에서 기르는 개의 경우 비만증과 운동 부족 등 과보호로 인한 현대병에 걸려 생후 5, 6년에 불과한 '청장년기'에 이빨이 빠진다거나 치매 증세를 드러내는 예가 있어 주인을 안타깝게 한다.

이빨이 모두 빠져 버린 입에서 구취가 심하게 난다거나 치매 증세로 대소변을 못 가릴 정도가 되면 애견이 아닌 '애물단지' 취급을 받기 십상이다.

이 밖에 백내장, 녹내장 등 시력 장애로 인해 장님이 되거나 주로 대형견 암컷에게 잦은 유방암, 난소종양, 자궁암 등도 개의 장수를 해치는 주범이다.

이 같은 조로(早老)를 방지하려면 개 연령에 맞는 사료 선택과 평소 적당한 운동, 예방 접종 등 건강 관리가 최선이다.

1년 이상 된 성견에게 고영양가, 고칼로리의 강아지 사료를 주는 등의 과보호는 조로(早老) 현상을 재촉하는 지름길이다.
 대형견보다 소형견의 장수가 일반적인데, 특히 국내에서 대형견은 '사철탕' '보신탕' 등으로 일찍 죽는 경우가 많다.

개의 몸짓과 표정

개는 짖는 소리 외에도 몸짓이나 표정 등으로 기르는 사람이나 친구들에게 여러 가지 의사를 전달한다.

● 경계하는 몸짓

귀를 상대방 쪽을 향하게 하고 몸은 신속하게 도망치거나 공격할 수 있는 자세를 취한다.

● 자신이 있는 몸짓

귀를 앞쪽으로 반듯하게 향하게 하고 입을 꼭 다물며, 눈에는 힘이 있다. 머리는 약간 낮추어 상대방 쪽으

덩치가 큰 견종들은 대체로 온순하지만
개의 표정이나 몸짓 등을 잘 관찰하여야 한다.

꼬리를 높이 치켜세우면 경계하는 모습이다.

진지한 모습

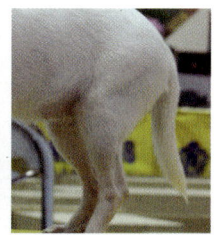
꼬리를 내려뜨리면 두려워하는 모습이다.

로 슬금슬금 접근하고, 또한 덤벼들기도 한다.

● 신뢰와 항복

개가 뒤로 벌렁 드러눕는 것은 가까운 사람에겐 신뢰를, 개들 사이엔 항복을 표시한다. 곧 자신의 가장 취약 부인 복부를 드러냄으로써 적의가 없음을 나타내는 뜻이다.

● 공포의 몸짓

꼬리를 뒷다리 사이에 말려 들어가게 허리를 낮추고, 귀는 늘어뜨리며 고개를 숙이고 몸을 움츠린다. 때로는 떨기도 한다.

개의 앞쪽에서 갑자기 뛰어가는 것은 삼가야 한다.
자신을 공격하는 걸로 착각하여 덤벼들게 된다.

"우승은 바로 우리 거야!"
애견전람회에서 퍼그를 출전시킨 한 소년이 경기 전 포즈를 취했다.

●위협하는 몸짓

꼬리를 꼿꼿이 세우고 등의 털을 곤두세워 몸을 크게 보이게 한다. 또 몸을 경직시켜 발끝으로 어슬렁어슬렁 걸어간다.

●기뻐하는 몸짓

몸을 뒤틀며 꼬리를 계속 흔든다. 귀는 뒤쪽으로 젖혀져 있다.

●불쾌한 표정

입술을 걷어올리면서 코엔 주름을 잡고 이빨을 드러낸다.

임신과 출산

● 발 정

모든 동물들은 신체적·정신적으로 성숙해지면서 성에도 눈을 뜨기 마련이다.

귀여운 강아지도 생후 1년 정도면 벌써 성견이 된다. 누가 가르쳐 주지 않아도 심리적·생리적으로 자연스

제왕절개로 태어난 새끼 강아지들이 어미의 젖을 빨고 있다.

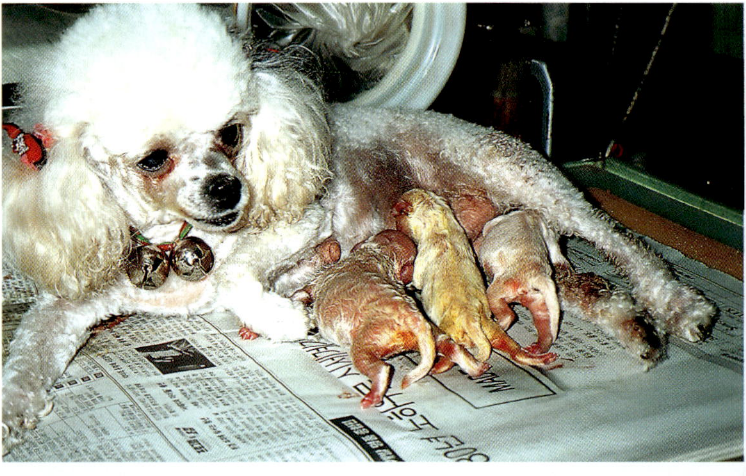

럽게 짝을 찾는 징후가 나타난다.

발정은 반드시 암컷만 하며 수캐는 성적 요구를 자주 표현하지만 문자 그대로 이는 욕구(또는 충동)에 불과하고 발정, 배란, 교배, 임신으로 이어지는 암컷의 생산 과정과는 근본적으로 다르다.

소형견 암컷의 경우 발정이 시작되는 시기는 생후 6~8개월(대형견은 8~12개월) 경부터이다. 1년에 두 차례 가량 발정이 오며(약 6개월 간격), 약 15일 동안 외음부가 붓고 출혈이 계속되는 발정 주기가 찾아드는데 이왕이면 이 증상이 확실할수록 좋다. 많이 붓고 출혈량도 많아야 건강하다는 증거이며 임신 배란 작용도 왕성하기 때문이다.

포메라니안

이 같은 외부 증상 없이 언제 왔었느냐는 듯 발정기를 그냥 지나쳐 버리는 경우가 오히려 문제가 된다.

　요즘엔 특히 부기가 눈에 띄지 않고 출혈도 거의 없는 미약 발정, 무혈 발정이 잦아 2세 강아지 생산의 호기로 발정기를 기다리던 주인을 안타깝게 만들곤 한다.

　실내 사육의 소형견이 특히 발정기가 미약한 경우가 많은데 이는 지나치게 작은 크기를 선호해 온 국내의 잘못된 애견 풍토 때문이다.

　'작은 것이 좋다'에만 집착하다 보니 식사량에 제한을 가하고, 적게 먹이다 보니 영양실조와 성숙이 위축되고 발정도 안 되는 게 당연하다. 따라서 이 경우에도 역시 밥이 보약이 된다.

　충분한 운동과 식사 등 평소의 건강 관리와 함께 고단위 영양제인 뉴트리칼(Nutrical), 세라린(Theralin), 뉴트리플러스젤(Nutriplusgel), 아피로얄(Api Royal) 등을 곁들여 주면 발정은 걱정하지 않아도 된다.

　강한 발정을 유도시키는 호르몬 주사도 있지만 건강에 바람직하지 않을 우려가 있으므로 어디까지나 최후의 수단으로 생각해야 할 일이다.

"애완견도 패션시대"
애견 동호인들이 멋지게
차려 입은 애견과 함께 즐거운
시간을 갖고 있다.

발정이 오면 식욕 부진, 정서 불안 등과 함께 개도 바람이 나 이웃집 개를 만나고 싶어한다.

하지만 종자 보존을 위해 '프리 섹스'를 삼가야 한다. 문단속을 철저히 하는 한편 개 생리 팬티를 채워주면 집안의 청결 유지는 물론 '정조대' 역할도 해준다.

발정난 개의 교배는 동물병원, 수의사 등 애견 전문가와 상담하는 편이 안전하다.

● 교 배

날로 각박해지는 인간 사회를 닮아서일까? 요즘 개 사회의 사랑 풍속도 '낭만'이 많이 줄었다. 실내 사육이 보편화되면서 제 마음에 드는 상

대를 개 스스로가 찾는 대신 발정기에 접어든 개는 주인들의 손에 이끌려 애견 센터나 번식업장 등에서 낯모르는 상대와 즉석에서 인위적인 교배를 하게 된다.

개도 이왕이면 잘생긴 상대에게 '허락'의 표시로 꼬리를 치켜세워 주지만 인위적인 교배의 경우엔 개의 의사와는 상관없이 행해지게 된다. 또한 '일'을 치르기 전 수캐가 암캐를 혀로 애무하는 등의 극진한 전희 절차도 번거로운 듯 생략해 버리는 게 보통이다.

개의 즐거움이나 사랑 편의엔 아랑곳없이 빨리 일 끝내기를 재촉하고 돈이 오간다. 물론 번식의 대가로 돈은 주인이 치르지만, 아무튼 개의 경우에도 성(性)의

제왕절개로 태어난 새끼 바람을 피운 엄마개가
여러 색깔의 새끼 개들을 낳고 쑥스러워하고 있다.

개는 방뇨를 함으로써 자신의 영역을 다른 개들에게 알려 준다.

상품화가 두드러진다. 하지만 개는 역시 개다. 튼튼한 '2세' 애견과 혈통 보존을 위해서 암캐에게 상대를 선택하도록 마냥 맡겨둘 수는 없다.

개의 낭만을 희생하더라도 주인이 '알아서' 중매를 서주는 게 가장 신중하고 안전한 방법이다.

암캐의 교배 시기는 발정 출혈이 시작된 뒤 10~13일 사이가 적당한 시기이다. 발정 초기에 딱딱해진 외

새끼 사자와 새끼 진돗개가 정답게 포즈를 취하고 있다.

머리만 내놓은 귀여운 강아지 모습

음부의 부기가 어느 정도 풀리면서 색깔도 거무스름해지는데, 외부 증상으로 판단이 서지 않으면 수의사에게 배란 여부를 검사 의뢰하면 된다.

씨내리개(種犬)의 혈통이 우수할수록 교배료는 '부르는 게 값'이지만 일반 가정용 소형 애완견의 경우 5~10만원 선이고 교배 시간은 5~30분 정도 걸리며 이틀 간격으로 두세 번 교배를 시키더라도 추가 요금이 붙지 않는다.

개의 성숙도를 고려해 생후 1년~1년 6개월 이후(두번째 발정 주기 이후)부터 첫 교배를 시작하더라도 영양 상태가 좋지 않거나 발육 부진, 질병 등이 있을 땐 교배를 삼가야 한다.

이 같은 점을 고려하지 않았을 경우 어미개와 2세의 건강을 책임질 수 없으며, 출산 때 난산으로 개를 괴롭힐 우려가 있다.

수캐가 암캐에게 교배를 해 주는 게 관례이며 따라서 암캐 주인이 수캐 주인에게 교배료를 지불해야 하고 교배 뒤 임신이 안 돼도 값은 환불해 주지 않는다.

그러나 암캐 주인의 입장을 생각해 두 번째 교배할 땐 처음 교배료의 절반을 받고서 교배를 시켜 주곤 한

갓 태어난 강아지를 어린 여자 아이가 보살피고 있다.

다. 왜냐하면 씨내리 개를 주업으로 삼는 프로급 종견은 관리가 철저한 까닭에 불임의 경우, 문제는 암캐에 있다고 보기 때문이다.

앙증맞은 모습으로 잠자는 강아지 인형

이 밖에도 계속 교배를 해도 임신이 안 될 경우엔 수캐의 정충 검사는 물론 암캐의 건강 검진을 해 보는 것이 중요하다.

● 임 신

발정과 교배를 무사히 마쳤더라도 튼튼한 '2세' 강아지와 어미개 건강을 위해 임신 기간 동안 관리가 중요하다.

개도 사람처럼 입덧을 하고 새끼를 가졌을 동안에는 육체적·심리적 변화에 민감하다. '친정 엄마' 이상으로 주인이 임신한 개를 자상히 보살펴 줘야 하는데 이는 애견인의 의무이자 기쁨이다.

개의 임신 기간은 보통 2개월 정도이며(59~63일),

교배 뒤 1~4주 사이에 임신 증상이 시작돼 수태 여부를 가늠할 수 있다.

 일단 태도에서부터 달라져 수컷에 대한 관심이 눈에 띄게 적어지고 '정숙함'을 되찾게 되며 외견상으로는 부어올랐던 국부가 축소되는 대신 젖꼭지 유선(乳腺) 부위가 부풀어올라 2세 출산에 대비하게 된다.

 임신이 됐을 경우 교배한 다음 1주 뒤부터 입덧을 시작, 약 2주 가량 입맛을 잃고 가끔 토하는 임신 구토 증상을 보인다. 교배 1개월 뒤부터는 체중 증가와 함께 배가 약간씩 불러 임신 여부를 눈으로 확인할 수 있다.

 개에 따라 교배 뒤에도 배란기가 열흘 이상 더 지속되는 경우가 많으므로 이 기간 동안에 충분한 휴식과 수면을 취하게 한다.

 한편 남의 집 수캐가 출입하지 못하도록 '문단속'에도 신경써야 한다. 교배 뒤 '바람'을 피운 결과, 엉뚱한 잡종 2세를 낳음으로써 주인을 실망시킨 경우도 있다.

교배 뒤 3주 동안은 무리한 운동과 목욕을 금지시켜 뱃속에 있는 새끼를 보호해 주도록 한다. 하지만 1개월 이후부터는 반대로 가벼운 운동은 시켜 줘야 출산 때 난산을 막고 2세 강아지의 발육에도 도움이 된다.

특히 요즘처럼 실내 사육을 하는 경우에는 운동 부족으로 출산 때 제왕절개를 해야 하는 예도 잦으므로 가벼운 달리기나 뜰에서 공 물어오기 훈련 등으로 체력을 유지시켜 줘야 한다. 출산 예정 5일 전부터는 조산을 막기 위해 다시 운동을 금지시킨다.

임신중 너무 좋은 음식만 줘도 뱃속의 강아지가 커서

애견은 어린이의 좋은 친구이다.

난산의 우려가 있으므로 고단위 영양가가 있는 먹이도 적절히 조절한다.

동물성 단백질은 변비의 원인이 되므로 조금만 주며, 출산에 치명적인 산전 산후 마비를 방지하기 위해서 칼슘과 무기질 보충에도 신경을 써야 한다.

출산을 전후해 다리가 마비되면서 호흡곤란 증상을 겪게 되는 산전 산후 마비는 임신중 영양부족이거나 새끼를 여러 마리 밴 어미개에게서 자주 나타나는데 최근엔 이를 예방하는 칼시델리스(Calcidelice), 호모칼크(Homocalk) 등 임신한 개 전용 약품이 개발됐다.

임신중에 먹여도 안전한 구충제도 시판하고 있다. 하지만 어느 경우에나 약물을 사용할 땐 수의사와 미리 상의해야 한다.

갓낳은 튼튼한 강아지의 무게는 애완용 소형견의 경우 70~150g 정도로 책 한 권 분량도 못 되는

휴대용 강아지 집과 강아지 인형

무게지만, 엄연한 생명체이고 애견 생활에서 가장 큰 보람 가운데 하나이다.

●분 만

개 사회도 많이 변했다. '개처럼 커라'는 말은 탈없이 건강하란 뜻이지만 요즘 개들은 탈도 많고 말도 많다.

귀여운 2세 강아지를 얻는 일은 애견 생활의 보람 가운데 하나다. 하지만 애완견의 소형화 추세와 실내 생활에서 오는 운동 부족 등으로 뜻밖의 난산을 하는 경우가 많다.

'새끼를 못 낳는 개가 어디 있겠느냐?'는 통념만으로 안심하고 기다리다가 어미와 새끼가 함께 불행을 당하기도 한다.

일반적으로 소형견은 한 배에 1~4마리까지 밴다. 대부분의 어미개들은 누가 가르쳐 주지 않아도 제가 알아서 탯줄을 끊는 등 산후 조절을 하므로 출산도 기르던 집에서 시키는 게 보통이지만, 진통이 시작된 지 1~3

시간이 지나도 새끼가 나오지 않으면 일단 난산으로 판단하고 반드시 수의사에게 연락해야 한다.

개의 출산 능력만 믿고 진통 하루 만에야 수의사를 찾는 경우도 있지만 이는 주인이 개의 위험을 방치한 셈이다. 1~3시간 안에 새끼를 못 낳으면 임신 중독증에 걸릴 위험이 있으므로 주의를 기울여야 한다.

앙증맞은 모습으로 잠자는 강아지 인형.
대개 살아 있는 강아지로 착각한다.

출산 직전의 어미개는 식사를 거부하고 자신의 '일'이 임박했음을 알린다. 출산 예정일 즈음해서 주위를 조용하게 하고 개집 주위에 커튼 등을 쳐 안정된 분위기를 조성해 준다.

출산 직후 어미개가 스스로 새끼의 양막을 뜯고 몸을

핥아 주며 탯줄을 끊는 등 산후 처리를 하지만 그렇지 못할 경우에는 주인이 새끼가 뒤집어쓰고 나온 양막을 뜯어 입과 코에 묻은 양수를 닦아 주고 소독된 실로 배꼽을 묶은 뒤(배꼽 1cm 위) 태를 자른다.

 아울러 깨끗한 거친 수건으로 새끼를 문질러 혈액 순

애견 산업의 발달로 가지각색의 예쁜 강아지 인형을 볼 수 있다.

환을 도와 준다.
 이런 절차가 귀찮거나 할 수 없다면 아예 수의사에게 산파 역할을 맡겨야 한다.
 개의 출산 뒤 처리를 할 각오도 없으면서 그냥 '알아서 낳겠거니' 하는 식으로 수수 방관하는 것보다 오히

애견 수건걸이

려 인간적이기 때문이다.

자연분만이 어려운 경우에는 유도분만, 제왕절개 수술 등의 처리도 필요하다. 국내 번식업자들은 시가 50만 원짜리 암캐도 일단 수술칼만 댔다 하면 10만 원대로 '개값'이 폭락해 버려 제왕절개를 꺼리는 게 보통이다.

하지만 가정에서 사육하는 애완견이야 파는 게 목적이 아니기 때문에 개값은 상관없으므로 무엇보다 제왕절개는 위급한 난산으로부터 어미개와 새끼의 생명을 구해 준다는 점을 명심해야 한다.

산후 처리법

강아지의 출산 뒤엔 '산모'와 2세 강아지의 건강을 돌보는 게 제일 중요한 일이다. 사람과 마찬가지로 이때의 건강이 평생을 좌우한다.

●어미개의 먹이
강아지도 어미개의 젖을 먹어야 건강의 기초가 닦인

황구와 백구 진돗개 새끼가 나란히 산책하고 있다.

다. '모유'를 잘 나오게 하기 위해서는 되도록 동물성 단백질이 함유된 음식을 평소보다 많이, 양껏 먹어야 한다.

어미개의 젖을 풍부하게 하려고 무턱대고 우유를 먹이는 경우도 있지만 이는 잘못된 생각이다. 시판되는 개 먹이를 먹일 때는 일반용보다 2배 가량 비싼 수의사 처방식(p/d) 사료를 먹이면 영양면에서 좋다.

이 밖에 어미개의 산후 마비를 방지하기 위해 '칼시델리스' 등 칼슘제를 먹이면 안전하다.

우아한 자태를 뽐내는 푸들의 멋진 모습

● 강아지 꼬리 자르기

갓난 강아지는 어미개 처분에만 맡겨 놓아도 '개답게' 잘들 크지만 꼬리 자르기와 구충은 반드시 주인이 나서서 돌봐 주어야 한다.

꼬리 자르기 적기는 생후 5~7일 정도가 좋고 전통적인 방법으로 가정에서 실을 묶어 자르기도 하지만, 이것을 당하는 개는 고통이 심하고 염증 우려도 뒤따르므로 동물 보호나 수의학적 측면에서 수의사에게 아예 맡기는 게 안전한데, 국소 마취 등으로 수술이 간단하고 수술비도 저렴한 편이다.

강아지 꼬리 자르기의 목적은 개의 종류에 따라서 강아지 체형에 균형을 잡아 주기 위해서인데 이 점에서도 전문가의 '심미안'을 따르는 게 바람직하다.

● 강아지 구충

어미개 태반을 통해 새끼 뱃속에 회충이 남아 있으므로 생후 3주 뒤에 구충을 실시해 준다.

겉으로는 멀쩡한 강아지라도 뱃속에는 5cm 이상 되는 회충이 여러 마리 기생하는 게 보통이다. 기생충으로 인해 장염, 소화 불량은 물론 심지어 조사(早死)할 우려마저 있으므로 '회충쯤이야' 하고 넘기다간 후회하게 된다.

●강아지 눈 뜨는 시기와 젖 떼는 시기

강아지는 생후 15일경이면 눈을 뜨게 되며 생후 21일경부터는 어미의 '밥'을 따라 먹게 된다. 어미개의 밥그릇 안으로 들어가 같이 먹으려고 덤비는데, 아직 소화를 제대로 시키지 못할 때이므로 일반 먹이를 먹여서는 안 된다.

따라서 이 무렵부터는 서서히 이유식을 주어야 한다.

이유식은 강아지 전용 이유식을 조금씩 조금씩 주어 소화에 적응토록 해 줘야 한다. 생후 1개월 정도 되면 차츰 어미개의 젖도 나오지 않게 되고 어미개는 젖 먹이는 것을 싫어하게 된다.

몇몇 종류의 개는 자기가 먹은 것을 토해내어 자기의 새끼 강아지에게 먹이는 습성이 남아 있다. 이렇게 이유식과 어미젖을 먹는 강아지는 45~60일 정도 되면 이유(젖을 떼는 것)시켜도 된다.

피임 수술

개도 사람과 마찬가지로 가족 계획과 피임이 필요하다. 번식 목적이 아닌 애완용 암캐가 혼외 정사를 맺들여 주인 모르게 임신한다거나 바람난 수캐가 짝을 찾아 자주 바깥을 쏘다닌다면 골칫거리이다.

특히 알 것은 알 만큼 자란 수캐는 때로 사람에게도 노골적으로 성적 징후를 나타내 보기에 민망하기조차

"이 많은 새끼들을 어떻게 키운담! 어휴, 걱정돼!"

하다. 개의 피임은 이 같은 사고를 미리 방지해 줄 뿐만 아니라 암캐의 경우 임신으로 인해 몸매가 망가지지 않도록 하는 미용 효과도 크다.

암캐의 발정기에만 생리대를 채우는 등 1회용 피임 수단도 있지만 영구적이고 안심하기 위해서는 암캐든 수캐든 아예 강아지 때 피임 수술을 해 버리는 게 가장 낫다.

수술 적기는 암수 모두 성적으로 성숙하기 이전인 생후 6개월 내지 1년 사이가 좋다.

●암캐

암캐의 피임 수술은 난소만 적출하는 방법과 난소와 자궁을 한꺼번에 들어내는 방법 두 가지가 있는데, 전자의 경우 자궁내막염 등 질병에 노출될 우려가 남기 때문에 후자의 시술 방법이 보다 이상적이다.

이 경우 주기적인 생리와 발정이 없어져 버리므로 원치 않는 임신을 원천 봉쇄

산후마비증에 걸린 모견

할 수 있을 뿐만 아니라 개의 청결 유지에 도 효과 만점이다.

●수캐

수캐의 피임은 거세 수술을 뜻한다. 전신 마취로 강아지의 고환 기능을 없앰으로써 성욕과 생식력을 조기에 억제시키는 데 대하여 '비인간적'이란 반론도 있지만 사실 개에겐 더 '행복한 처방'이 될 수 있다. 성적 본능을 조절하지 못하는 개의 '평생 고통'을 덜어주는 것이 되기 때문이다.

국내 애완견 풍조에서 새끼 욕심이 유별난 게 사실이며 이에 따라 피임 수술도 대부분 애견가가 망설이고 있으나, 집에서 기를 경우 애완용인가 번식용인가 하는 목적은 이미 정해져 있으므로 조기에 피임 수술을 해주는 게 개나 사람 모두에게 좋다.

미국의 경우 수의사 협회가 적극 나서서 피임 수술만은 다른 수술보다 훨씬 싼 값에 서비스하고 있으며 애견가들도 이에 적극 호응하고 있다.

질병 예방과 대책

● 골절

개는 주로 다리 부위가 부러지게 되는데 골절이 되면 발을 땅에 딛지 못하고 들고 다니는 게 특징이다. 골절이 되면 다리가 휘거나 부종과 함께 통증을 호소하기도 하나 어떤 개는 골절의 경우도 전혀 통증을 호소하지 않는 경우도 있으므로 즉시 동물병원으로 데리고 가서 X-Ray 촬영을 한 뒤 석고붕대나 금속판, 골핀 등을 이용한 정형외과적 수술을 해 줘야 한다.

석고붕대는 어린 강아지의 경우 보통 3, 4주 뒤에 풀어 주면 된다. 그러나 성견의 경우는 회복 여부를 봐 가며 시기를 늦추어야 한다.

● 걸음걸이의 이상

우리가 눈으로만 보아서는 뼈에 금이 갔는지 부러졌는지 알 수 없다.

그래서 개가 다리를 심하게 절면 반드시 X-Ray를 찍어 봐야 한다.

개의 뒷다리가 약해질 수 있는 원인으로는 골반 골절, 척추 디스크 탈출, 경추의 불안정 등이 있다.

골반 골절은 교통 사고로 인해서 주로 발생하며, 경추의 불안정은 1, 2세의 도베르만 핀셔나 그레이트데인에게서 흔히 발생한다.

이 밖에도 발바닥에 타르나 껌이 달라붙어 있을 경우 발을 디딜 때마다 절름거리게 된다. 또한 발바닥에 가시나 유리가 박혀 있거나 열상을 입었을 경우, 그리고 진드기의 감염에 의해서도 발을 절게 된다.

애견에게 골절 치료를 하고 있는 저자 윤신근 박사

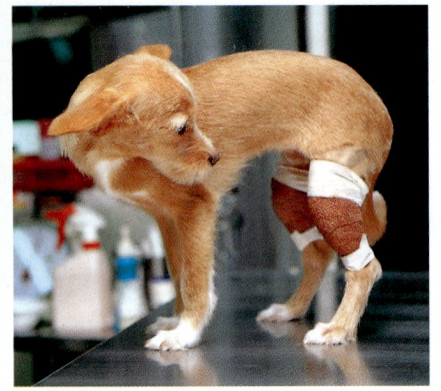
"나, 다리 골절당했어!"

한편 인대가 감기거나 염좌되어 완전히 돌아가는 수가 있다. 가장 흔한 인대 손상은 염좌나 열상이며, 주로 무릎 관절에서 많이 발생한다.

인대는 양쪽 뼈를 연결하기도 하지만 마찰을 막기도 하므로 인대의 손상은 심한 통증을 일으킨다.

골다공증에 걸린 어린 강아지는 걷기를 주저하고 통증을 느껴 가만히 서 있기를 좋아하는데 이 때 골절이 쉽게 발생한다. 골다공증은 비타민 D, 칼슘, 인 등의 결핍으로 일어난다.

골관절염의 경우는 관절 부위 뼈의 변형으로 불안정한 걸음걸이가 특징이며 잠을 잔 뒤 또는 앉았다가 일어난 뒤 다리가 굳고 통증을 느끼는 증세를 보이는데 이때는 가벼운 산책을 시켜 주는 것이 좋다.

●발톱 손상

발톱을 자주 잘라 주지 않으면 끊어지기 쉽다. 발톱이 끊어지면 통증은 물론 출혈과 함께 다리를 절게 된다. 이 때에는 압박붕대로 출혈을 막아 준 뒤 수의사를 찾아 발톱을 제거하는 것이 좋다.

발톱 제거는 국소 마취 뒤 시술하며, 사고를 막기 위해서는 무엇보다도 평상시 미리미리 발톱을 깎아 주는 것이 중요하다.

●탈 구

골반관절에는 둥근 대퇴골과 오목한 골반골이 결합되어 있다. 골반골 탈구는 주로 교통사고를 당한 개에게서 많이 발생하나 포메라니안 등 애완견의 경우 교배를 시키면서 무리하게 보정을 할 때에도 탈구되는 수가 있다.

슈나우저

골반골 탈구가 되면 다리를 디딜 수가 없으며, 탈구된 다리는 든 채로 반대편 다리 쪽으로 향하여 꼬이게 된다.

슬개골 탈구는 자라는 과정에 흔히 발생하는데 주로 높은

데서 무리하게 뛰어내리거나 심한 물리적 충격 등이 원인이 되며, 절름거리기는 하나 통증은 거의 느끼지 않는 편이다.

탈구된 개는 활동을 제한해야 하고 지나친 산책은 피해야 하며, 통증과 염증을 완화시켜 주기 위해 소염 진통제를 투약해 주기도 하나 수의사에게 수술을 의뢰해야 한다.

●비만증

'뚱뚱보 개'가 늘고 있다. 최근 서울 등 대도시에서 비만아 급증이 사회 문제화되다시피 한 가운데 애견 사회에서도 비만증이 골칫거리로 대두되고 있다.

애견의 비만도 사회문제가 되고 있다.

'잘 먹고 잘 사는' 것이야 나무랄 데 없지만 지나친 비만은 개의 장수에 치명적이다. 비만은 조로 현상과 심장 기능 압박, 당뇨, 고혈압 등 개 성인병의 원인이 된다.

귀여운 달마티안 강아지

 간장, 신장 기능에도 이상을 초래하며, 갑상선 이상 등 호르몬 분비 계통에도 나쁜 영향을 주므로 개에게나 사람에게나 지나친 비만은 '만병의 근원' 이다.

 체내 균형 파괴뿐 아니라 외모에서 피부가 거칠어지는 한편 비만개일수록 움직이기 싫어하고 따뜻한 곳만 찾아다니는 등 버릇도 눈에 띄게 나빠진다.

 게으르고 둔한 뚱보개는 귀염성도 그만큼 덜한 것이다. 비만개가 급증한 것은 최근 들어 개 사회가 지나치게 편해진 반면 운동할 기회는 그만큼 줄어들었기 때문이다.

 80년대 후반 수입 자유화 물결을 타고 고칼로리 외제 수입 사료가 물밀듯 들어와 개 입맛을 버려 놨다. 값싸고 영양 많고 개 입

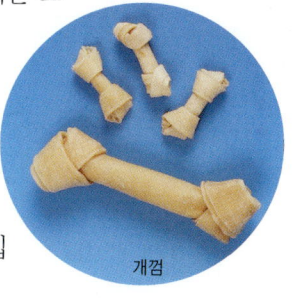
개껌

"나, 멋져요?" 포즈를 취하고 있는 슈나우저.

에도 잘 맞아 주인은 외제 사료만 준다.

 하지만 '우선 먹긴 곶감이 달다'는 식으로 고지방 고칼로리의 수입 사료만으로 편식을 조장할 경우 결과는 불을 보듯 뻔하다.

 거리에 비만개가 넘치면 그만큼 개 수명도 짧아지기 마련이다. 비만증이라고 해서 무작정 굶길 수는 없고 우선 수의사와 상의한 다음 음식물 횟수를 줄이고 가벼운 운동을 시작한다.

 음식을 하루 2, 3회 주었을 경우엔 1, 2회로 줄이며, 고영양가의 성장 사료보다 다이어트 계통의 유지 사료로 음식을 바꿔 본다.

비만개의 다이어트 사료로는 r/d, 아보라이트, 저지방, 저칼로리 사료 등이 나와 있다. 군것질은 삼가며, 개 음식 담당은 가족 가운데 한 사람이 전담하여 3, 4개월 정도 장기 계획을 세워 '군살 빼기' 작전을 실시해 줘야 한다.

● 변비

요즘 변비로 고생하는 개들이 많아졌다.

변비도 최근 개들이 앓고 있는 현대병 가운데 하나이다. 과거 된장국에 시래기를 말아 줘도 개들이 군소리 없이 잘 크던 시절엔 식물성 섬유소 섭취로 변비를 걱정할 게 없었으나 최근엔 동물성 위주의 고영양가 사료가 일반화되면서 오히려 개들을 괴롭히고 있다.

개도 보통 하루 1, 2회 배변을 해야 정상인데 변비의 경우 3, 4일 이상씩 '무소식'이기 일쑤여서 육체적, 심리적인 이상을 초래한다.

우선 외형적으로 개가 낑낑대며 불안, 초조, 안절부절 못하는 태도를 보이며 행동도 엉거주춤해진다. 평소에 의젓하고 얌전하던 동물 식구도 변비에 시달리면 품위와 체면을 잃게 된다.

　하지만 이보다 더한 것은 육체적인 이상으로 변이 딱딱해지고 배변 횟수가 줄어드는 변비를 그냥 방치할 경우 결장 전체가 확장되는 속발성 거대결장을 비롯해 항문선염, 직장협착, 직장종양 등 직장 질병을 일으키게 된다.

　지방분이 듬뿍 든 동물성 사료 외에도 생선뼈, 닭뼈 등 칼슘 성분 과다 섭취가 원인이 되며 항히스타민 바륨, 이뇨제, 아편 등의 약물 투여시에도 변비가 온다.

　이 밖에 요크셔테리어, 말티즈, 포메라니안 등 장모

"너 빨리 먹어. 나도 먹을 거야!"

종 개들의 긴 털이 항문을 막아 버릴 수도 있으며 사람과 마찬가지로 지나치게 감이나 곶감을 많이 먹어 일시적인 변비를 일으키는 웃지 못할 경우도 가끔 있다.

멋진 포즈를 취하고 있는 푸들

야채, 과일 등 식물성 섬유소 성분을 사료에 섞어 개의 장 운동을 도와주는 게 평소 예방책이다. 닭뼈, 생선뼈, 딱딱한 갈비뼈 등을 주는 것은 금물이며 포메라니안, 요크셔테리어, 말티즈 등 장모종의 개들은 항문 주의의 털을 잘라주면 변비 예방은 물론 청결에도 좋다.

증세가 심할 경우 온수, 식염수, 유아용 관장약 등으로 직접 관장을 시켜 주거나 수의사에게 처리를 부탁해야 한다.

● **식욕 증가**

운동을 많이 하거나 추운 환경, 임신, 젖을 먹이는 어미의 경우엔 음식에 관한 욕구, 특히 고단백을 많이 요

개 장난감

구하게 된다. 그런데 당뇨병 초기엔 수분 섭취 증가, 배뇨량 증가, 엄청난 식욕에 비해 체중 감소, 침울, 구토 증세가 나타나며 기생충 감염 때 식욕 증가가 나타난다.

음식물을 많이 먹는데도 불구하고 유난히 체중이 감소한다면 췌장, 신장, 소화기에 문제가 있다고 생각해야 한다. 이 때는 대개 음식물을 소화하지 못하고 배설해 버리기 때문이다.

늙은 개에 있어서의 식욕 증가, 배뇨, 피모 손실 등은 부신피질 과다 기능(Cushing Syndrome)을 의심해야 하며 이런 대사성 질환은 수의사의 지시에 따라 조치하면 된다.

또한 디스템퍼 등으로 뇌신경에 이상이 오는 경우 식사량을 조절할 줄 모르고 무절제하게 많이 먹는 개들은 주인이 조절해 주어야 한다.

● 물을 많이 먹을 때

수분은 생명을 유지하는 데 필수적이며 개는 하루 체중 1kg당 50cc의 물을 필요로 한

다. 젖을 먹이는 어미개나 열, 더운 날씨, 운동시, 구토나 설사로 인한 수분 부족시엔 평상시보다 많은 양의 물을 필요로 한다. 또한 항생제나 스테로이드 제제 투약시에도 갈증을 일으킨다. 그런데 과도한 갈증은 심한 당뇨, 간이나 신장 질환시, 부신피질 과다 기능(Cushing Syndrome), 자궁 축농증 등에서 현저히 나타나게 된다.

수분이 부족한 개에게 충분한 양의 물을 물그릇에 항상 채워 주되 만일 병적인 수분 섭취가 의심되면 수의사에게 의뢰해야 한다.

그레이트데인의 늠름한 자태

영국산인 골든 레트리버는 예전엔 사냥개로 명성을 날렸었다.

●체중 감소

체중 감소는 대부분 칼로리 부족에서 온다. 만일 개가 무더운 환경, 운동 과다, 암컷으로 인한 흥분 등으로 평소보다 더 칼로리가 소모되면 음식물을 소화시키지 못하거나 덜 먹게 되어 체중 감소가 온다. 또는 이사를 가거나 주인이 새로운 애완 동물을 구입하는 등의 이유로 개가 질투를 느껴 식욕이 떨어지기도 한다.

췌장, 간, 소화기의 문제가 있으면 음식물 흡수가 제대로 이루어지지 않으며 배뇨량 증가와 수분 섭취 증가에 따른 체중 감소는 당뇨나 신장 질환을 의심할 수 있다. 또한 심장 질환이나 기생충 감염시 체중이 감소하게 되는데 체중이 감소하면 일단 수의사의 검진을 받는 것이 중요하며, 평소 혈액 검사, 분변 검사, X-Ray 등을 통해 이상이 없는지 점검해 봐야 한다.

그레이트데인

● 설사

개에게서 가장 흔한 문제 가운데 하나가 설사다.

라사압소

설사는 하루나 이틀 정도 지속되나 단순한 설사 때는 가정에 비치한 강아지 전용약을 먹이면 금방 멎게 된다.

그러나 토하려고 안간힘을 쓰거나 열, 복통, 곱똥, 혈변 등의 증상이 나타나면 수의사를 찾는 게 좋다.

가정에서 항생제를 잘못 먹여 설사를 하기도 하는데

이 때는 항생제로 인한 락토오스 기능 억제가 설사의 원인이 된다. 어린 강아지의 경우 돼지고기, 닭고기 등 지방이 많은 음식이나 우유, 쥐포, 오징어 등을 먹이는 것은 금해야 한다.

달마시안

왜냐하면 설사의 원인이 되기 때문이다. 또한 주변 환경을 청결하게 해주어 아무것이나 주워 먹지 못하게 하고 정기적인 기생충 구충을 해 줘야 한다. 너무 뜨겁거나 찬 음식도 설사를 일으킬 수 있으니 주의해야 한다.

설사를 하는 강아지는 우선 한두 끼 밥을 굶겨 주며, 탈수가 심한 경우라면 보리차에 설탕을 가미한 물을 조금씩 자주 공급해 줘야 한다. 그래도 계속 설사하는 개는 동물병원에 의뢰하여 혈액 검사, 변검사, 소변 검사, X-Ray, 초음파, 내시경 검사 등으로 그 원인을 알아 치료해야 한다.

탈수가 심한 경우엔 하트만 등 수액 주사로 보충해

주며, 설사가 유달리 잦은 개라면 분변에 대한 정확한 검사부터 해볼 일이다.

● 이물질 섭취

강아지는 이것저것 가리지 않고 잘 물어뜯고 잘 씹어 먹는다. 강아지는 이물을 삼키게 되면 구토, 매스꺼움, 기침, 복통, 호흡 곤란, 식도나 위장관의 폐쇄 또는 천공이 일어날 수도 있다. 만일 화학 물질이나 독극물을 삼켰다면 곧바로 동물병원으로 가야 한다.

이물질을 간단하게 통과시킬 수 있는 방법으로는 식

네오폴리탄 마스티프의 늠름한 자태

래버라도 레트리버

사량을 늘리거나 우유를 적신 빵을 먹여 식도, 위, 장을 무사히 통과시키는 방법, 그리고 식용유 등을 먹여 부드럽게 통과시키는 방법 등이 있으나 유리 조각, 핀, 갈비뼈, 바둑알, 동전, 심지어는 녹음 테이프 등을 함부로 삼켜버린 경우엔 X-Ray 촬영이나 초음파 검사를 한 뒤 정확한 원인을 찾아 수술해 줘야 한다.

이런 사고를 막기 위해서 개는 애견용 장난감으로만 놀게 하고 위험한 바늘이나 유리 조각, 뼈 등을 미리 없애 줘야 하며 신발이나 실 등도 물어뜯지 못하도록 항상 안전한 곳에 둬야 한다.

● **유방의 질병**
유방 종양은 7세 이상의 암캐에

게 많이 발생한다.

유방염은 대개 첫 교미 전에, 그리고 난소자궁적출 수술을 하지 않은 개에게 많다. 처음에는 한두 개 꼭지가 붉게 되고, 열이 나며, 단단해지고 통증을 느끼게 되어 주로 식욕이 없게 된다. 어미개의 경우 새끼에게는 관심없고 불안해하며 갈수록 허약해진다.

어미개에 유방염이 발생하면 새끼는 어미젖을 즉시 떼고 강아지 분유를 애견용 젖병에 담아 먹여 주면 된다. 만약 어미젖을 마구 빨게 되면 어미는 유방이 자극을 받아 치료가 더딜 뿐 아니라 새끼는 설사를 할 위험이 있다.

유방에 3, 4일 동안 냉습포를 해 주

잉글리시 코커 스파니얼

면, 유방 덩어리가 점차 줄어들게 된다. 유방염에 걸린 개는 광범위 항생제나 소염제 등을 주사해 주면 쉽게 낫지만 유방 종양의 경우엔 외과적인 수술에 의하여 완

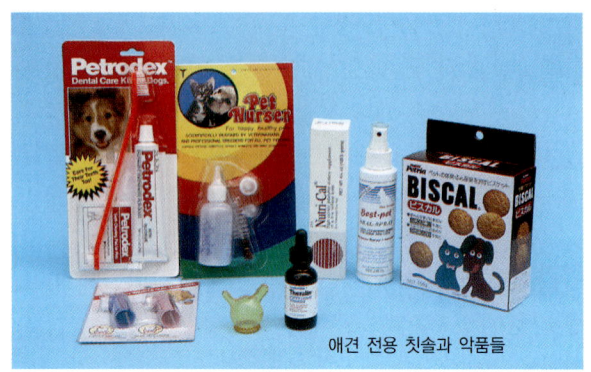
애견 전용 칫솔과 약품들

전히 제거해 줘야 한다.

● 빈뇨와 혈뇨

수캐에서 가장 흔한 문제는 방광염, 방광 결석, 요도 결석 등이다.

방광염은 소변을 자주 보거나 급히 소변을 보게 되며, 피오줌, 음경을 자주 핥는 등 소변 보는 곳이 아닌 곳에서 소변을 보고 구토, 고열 등의 증세가 나타난다.

방광에서 음경으로 향하는 통로가 막히는 요석증에 의해서도 방광염은 자주 발생한다. 오줌을 빨리 배설하지 못하면 요독증이 발생되어 사망할 수도 있다.

식욕이 없고 구토, 허약, 탈수 뒤의 신부전증으로 죽게 되며 교통 사고나 발에 세게 차였을 때 생긴 외상 등으로 방광이 파열되기도 한다.

평소보다 소변량이 많거나 수분 섭취량이 많으면 신장 질환을 의심해 봐야 한다.

암캐의 요도는 탄력성이 있고 요석을 쉽게 통과시키기 때문에 암캐의 경우 폐쇄 발생률은 드문 편이다. 그러나 요도가 너무 짧아 방광의 세균 감염이 용이하고 재발 또한 빈번하다.

발정기의 암캐는 성적 흥분이나 요로 부분의 가벼운 염증 때문에 아무 장소에서나 소변을 보기도 한다.

만일 개가 오줌 누기가 어려우면 수의사를 찾아 요검사 등을 통해 정확한 원인을 알아내어 치료해야 한다. 만약 개가 24시간 이상 소변을 못 보면 사망하게 된다. 요도 질환인 경우에는 토마토 주스나 비타민 C 등을 먹여 주면 도움이 된다.

치료 방법으로는 X-Ray, 초음파 검사 뒤 막힌 요관을 요

자궁축농증에 걸린 애견

도 카테터 등으로 뚫어 주며 멸균수로 깨끗이 소독해 줘야 한다. 배뇨량을 늘려 주기 위해 수액을 계속 공급해 주며 폐쇄로 인한 독성 물질의 확산을 막아야 한다.

항생제, 항경련제, 요산화제 등이 투약되며 방광 결석 등을 제거하기 어려운 경우는 외과 수술을 해야 한다. 메티오닌, 비타민 C, 토마토 주스나 k/d, c/d 등을 먹여 준다.

● 유방암

중년기와 노년기의 암캐에게 흔하다. 유방암의 50%는 악성 종양이며 젖꼭지 주위, 유방 피부 밑에 단단한 덩어리가 촉진된다. 유방암의 원인은 잘 알려져 있지 않으나 첫 발정 전에 불임 수술을 하면 발생하지 않는다.

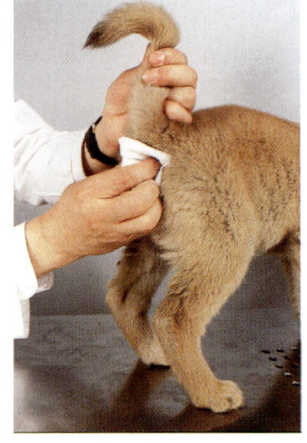

항문 치료

만일 개를 임신시키지 않으려면 조기에 불임 수술을 해주는 것이 좋다.

유방의 덩어리가 의심

애견종합백화점에 진열되어 있는 다양한 애견 목걸이

스러우면 수의사를 찾아 X-Ray, 생검, 초음파 검사 등을 해 보는 것이 좋으며 악성의 경우엔 폐암으로 전이하는 수도 있으니 주의해야 한다.

양성 종양의 경우에도 안심할 것은 못된다. 왜냐하면 제거하지 않을 경우 악성 종양이 될 수 있기 때문이다.

● 항문낭염

항문 종양은 8세 이상 된 개에게 흔하며 악성 종양인 경우는 거의 없다. 촌충 등이 항문을 통해 밖으로 나올 때 항문이 가려워 엉덩이를 땅바닥에 질질 끌고 다니거나 항문 주위를 자주 핥는다.

또한 개는 항문 좌우측에 두 개의 항문낭이 있는데 이 주머니에서 분비물이 나올 때 항문을 땅바닥에 끌고 다닌다.

개의 옛조상들은 항문낭에서 나온 지독한 냄새의 분비물을 배설하여 영역을 표시하기도 했다지만 오늘날의 애완견에겐 문제를 자주 일으키는 골칫거리 가운데 하나일 뿐이다.

항문낭 내용물은 격렬한 운동을 하거나 장운동이 빨라지면 분비가 되는데 완전히 제거하지 않아 염증이 유발되기도 하므로 정기적으로 1, 2개월마다 항문선의 물질을 화장지 등으로 꾹 눌러 제거해 주어야 한다.

만약 감염되면 항문 주위가 붉게 충혈되며 붓고, 통증이 심하게 되어 농양이 터져 고름과 혈액이 동시에 흘러나오게 된다. 항문낭의 염증 부위를 소독약으로 깨끗이 소독한 뒤 항생제와 소염제 등을 투약해 준다.

예방법으로는 평상시에 미리 항문선 제거 수술을 해 주는 것이 확실한 방법이다.

● 피부병

애견의 수가 점차 늘어남에 따라 개의 질병도 다양해져 애견가뿐만 아니라 질병을 치료하는 수의사들의 입장까지 몹시 난처해지는 경우가 잦다.

특히 피부병의 경우는 사양 관리 소홀, 샴푸나 린스

쥐의 꼬리처럼 꼬리의 털이 벗겨진 애견들. 곰팡이성 피부병에 감염되었다.

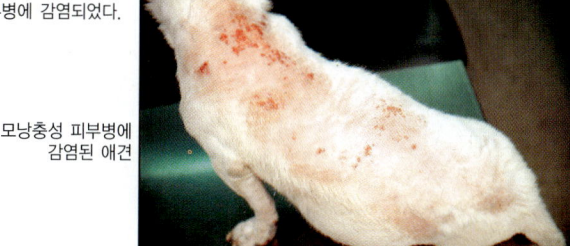

모낭충성 피부병에 감염된 애견

의 부적합, 옷이나 개집에 깔아 주는 섬유 등으로 인한 알레르기, 현대 문명화에 따른 공해 물질의 피부 자극, 호르몬 관계, 외부 기생충 등이 원인이 되어 복합적으로 발생한다.

필자의 임상 경험에 따르면 외부 기생충에 의해서 발생하는 피부병이 가장 많고, 그 다음이 알레르기 등 습진 계통이며, 곰팡이성 피부병 등의 순으로 잦게 발병하고 있다.

그런데 흔히들 말하기를, 피부병 하면 무조건 데모덱스라고 하는데 이것은 올바른 표현이 못 된다.

데모덱스는 모낭충성 피부병으로 주로 도베르만이나

슈나우저의 축 늘어진 귀를 수술하고 있는 수의사

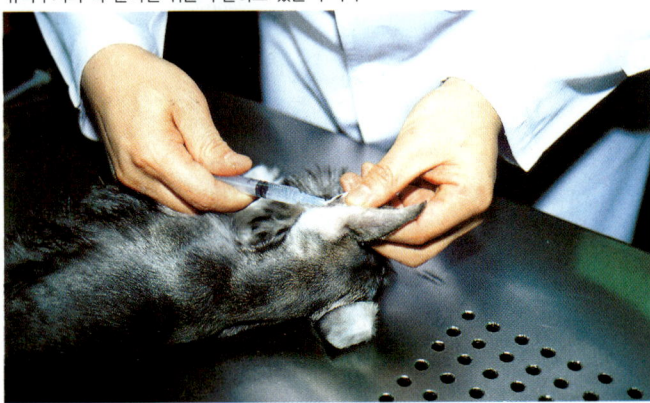

미니어처핀셔, 도사견, 포인터 등 단모종에서 가끔 볼 수 있는데 치료가 상당히 힘들 뿐만 아니라 어미를 통하여 유전되기도 하므로, 모낭충에 감염된 개는 번식을 시켜서는 안 된다.

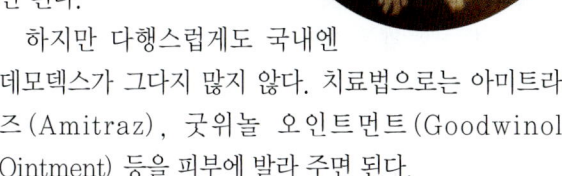

하지만 다행스럽게도 국내엔 데모덱스가 그다지 많지 않다. 치료법으로는 아미트라즈(Amitraz), 굿위놀 오인트먼트(Goodwinol Ointment) 등을 피부에 발라 주면 된다.

피부병 가운데 가장 흔한 개옴(Scabies, 개선충)을 비롯한 피부병 치료시엔 무엇보다도 수의사의 정확한 진단을 통하여 안전한 약제로 치료하는 것이 가장 중요하다.

피부병 치료 때 반드시 명심해야 할 점이 한 가지 있는데 '빈대 잡기 위해 초가삼간 태워서는 안 된다' 는 것이다. 다시 말하면 개를 치료하기 위해 아무리 좋은 약이라 할지라도 개가 약으로 말미암아 생명을 잃게 된다면 아무 소용이 없기 때문에 약물 중독 등에 대해 각별히 신경을 쓰지 않으면 안 된다는 것이다.

또한 남의 말만 듣고 이것저것 함부로 약을 쓰는 것도 바람직하지 않다. 왜냐하면 약을 마구 쓰다 보면 원래 발생한 피부병보다 약물에 의한 부작용 등으로 인해서 피부병 치료를 훨씬 더디게 만들기 때문이다.

피부병 치료 때엔 식이 요법 등 보조 요법 치료도 중요하다. 수의사 처방 식사 요법이나 피부에 도움이 되는 영양제 등을 먹여줌으로써 치료 기간이 훨씬 단축될 뿐만 아니라 치료 효과도 높아지게 되는 것이다.

국내에서 흔히 발생하는 피부병 치료 및 예방법은 다음과 같다.

●개선충(옴, Scabies)

귀여운 동물 식구라고 애지중지 끼고 자다가 식구들이 온통 몸을 긁어대는 소동을 벌이기도 한다.

이런 경우엔 가려움증 외엔 인체에 별다른 피해는 주지 않지만 귀찮고 신경이 쓰이는 게 사실이다. 근본 원인을 모르고 사람만 피부과에 다녀 봤자 별 효과가 없다. 가려움의 주범인 옴이 개몸에 건재하는 한 며칠만 지나면 온 가족이 또 긁어대기 시작하고 병원비는 병원비대로 들어간다.

개옴(개선충)은 가장 대표적인 개 피부병 가운데 하나로, 특히 실내 애견 가정에선 반드시 증상과 예방 및 치료법을 알아 둬야 유사시 골칫거리를 덜 수 있다.

개옴에 걸리면 사람도 가렵지만 역시 당사자인 애견이 제일 괴롭다. 온몸의 가려움은 물론 하루종일 긁어대느라 징징거린다.

군데군데 털이 빠지기 시작하다 온몸의 털이 몽땅 빠질 정도까지 이르면 피부가 드러나 보기 흉할 뿐만 아니라, 그대로 두면 농포성 피부염을 일으켜 피부에 진물과 함께 악취도 심해 평생 고생을 하게 된다.

개옴이 가장 좋아하는 곳은 귀끝과 목, 겨드랑이, 사타구니, 발끝, 꼬리, 엉덩이 등 부드러운 솜털 부분이다.

개가 귀를 자꾸 긁는다든지 털이 빠지기 시

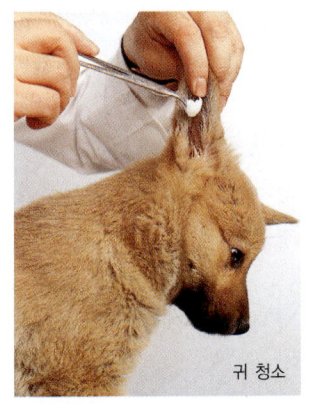

귀 청소

작하면 일단 개선충으로 여기고 개를 먼저 빈 상자나 개집 등에 별도로 격리시킨다.

치료약으로는 파라마이트, 오딜렌 등으로 목욕을 시켜 주면 효과적이나 약물 중독의 위험이 있으므로 개가 약물을 핥아먹지 않도록 엘리자베스 칼라 등으로 안전한 조치를 해 줘야 한다.

어린 강아지의 경우는 한꺼번에 전신에 약물을 바르면 위험하기 때문에 부위별로 조금씩 조금씩 매일 번갈아가며 발라 줘야 한다. 또한 진물이 많이 나는 피부병의 경우에는 항생제나 코티존 제제를 적용해 주면 매우 효과적이다.

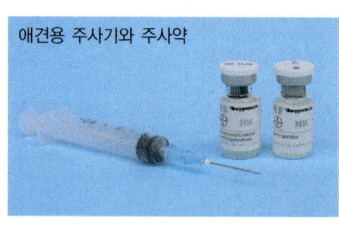
애견용 주사기와 주사약

보다 확실한 치료를 원한다면 동물병원을 찾아 수의사의 정확한 진단을 받아야 한다.

개옴을 예방하기 위해서는 평소 애견 건강 관리를 게을리하지 말고 청결에 신경을 써야 한다.

● 습진(Eczema)

급성 습진(Acute Moist Eczema) 탄수화물의 과다

섭취가 원인이 되며 고탄수화물만을 계속적으로 1년 이상 먹이게 되면 습진이 생기게 된다. 또한 벼룩이나 이에 심하게 감염되어 습진이 발생하기도 한다.

급성 습진에 걸리면 습진 부위를 심하게 긁거나 입으로 물어댄다. 급성 습진으로 인하여 딱지가 생길 경우엔 벼룩이나 이가 없는지 털이나 개집 주위를 자세히 살펴봐야 한다.

비만 애견의 대명사인 샤페이

치료를 위해서는 먹이를 곧바로 바꿔 줘야 하며 감염 부위를 깨끗이 닦고 소독한 뒤 코티존 계통의 약을 경구 투여 또는 주사해 주면 된다.

치료 뒤 곧바로 좋은 반응이 보이나 이는 일시적일 수 있으므로 반드시 단백질이 많은 사료로 바꿔 줘야 한다(d/d 사료, 아보덤 등).

개가 감염 부위를 핥아 염증이 생기는 경우가 있으므로 항생제나 피부병 연고제를 적절히 사용해 가며 수의사에게 의뢰하면 된다.

● 건성 습진(Dry Eczema)

진단과 치료가 가장 어려운 피부병 가운데 하나이다. 혈통이 좋은 개에게 자주 발생하며 고탄수화물 먹이가 역시 원인이 된다. 건성 습진 역시 계속 긁어대기 때문에 털이 빠지거나 피부에 상처를 입게 돼 충혈되거나 짓무르게 된다.

옴이나 벼룩 등으로 말미암아 계속 긁어댈 수 있으므로 수의사에게 정확한 검진을 받아야 한다. 또한 먹이를 바꿔 주고 스테로이드 등을 몇 개월 간격으로 투약해 주면 예방과 치료에 많은 도움이 된다.

● 알레르기성 습진(Allergic Eczema)

알레르기성 습진은 단순한 건성 습진보다 훨씬 더 심각하다. 양털, 볏짚, 나일론, 식물성 물질 등 알레르기를 일으키는 물질에 의해서 발생한다.

갑자기 피부에 붉은 반점이 생기고 하복부에 반점이나 농포 등이 나타나며 계속 긁어댄다.

치료를 위해서는 개의 침구를 즉시 갈아 주고, 신문지 등도 매일 깔아 준다. 개가 평소 다니던 길을 차단하여 다른 길로 다니도록 하고, 정원에서 멀리 떨어지게 한다. 코티존이나 항히스타민 등을 투여해 준다.

어린이들이 애견을 기르면
성격이 활달하고 명랑해진다.

또한 알레르기를 일으킬 수 있는 물질 등을 제거한 뒤, 피부병을 치료할 때 수의사 처방식 d/d나 아보덤 사료, 에파덤 등의 약을 먹이면 효과적이다.

● 윤선(Ring Worm)

개의 피부 표면과 털에 사는 곰팡이가 원인이 되며 가려워서 감염 부위를 긁거나 무는 증상을 보인다. 그 부위를 자세히 살펴보면 털이 빠지고 딱딱한 피부가 둥그스름하게 되어 있다.

마치 동전 모양같이 둥글기 때문에 일명 '링웜(Ring Worm)'이라고도 한다.

한 애견이 엑스레이를 찍기 위해 누워 있다.

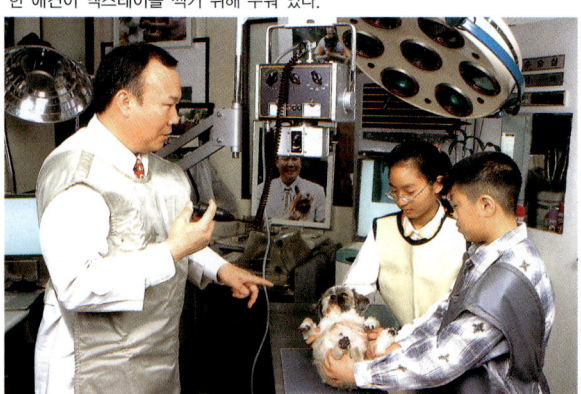

이 피부병 역시 사람도 감염될 수 있으므로 격리 수용하고, 특히 어린이는 개와 접촉을 피하도록 한다. 조기에 치료하지 않으면 발로 긁어대어 피부 여기저기에 옮기게 되므로 주의해야 한다.

초기에는 국소적으로 피부병 발병 부위만 치료(연고제 등)하면 쉽게 낫지만 전신으로 번지게 되면 국소 치료는 물론 전신 요법제를 적용해야 하며 시간도 오래 걸린다.

귀 치료제

심지어 악성인 경우는 치료에 수개월 이상 걸리기도 한다.

연고를 바를 경우엔 알코올 등으로 소독하지 말고 그냥 연고만 발라 줘야 한다. 샴푸 형태의 약물로서 샴푸에 섞어 같이 사용할 수 있는 약제나 경구 약품도 있으나, 최근 동물병원에서는 주사용 치료제도 많이 사용하고 있다.

눈(Eyes)

 강아지의 장기 가운데 가장 작고 복잡하며 세밀한 부분이 바로 눈이다.
 상안검(윗눈꺼풀)과 하안검(아랫눈꺼풀)은 눈을 보호해 주는 커튼과 같은 역할을 한다. 속눈썹은 주로 상안검 가장자리에 위치하며 안검이 매우 부드럽고 날카롭다.
 안검의 질환으로는 불독이나 샤페이 등에서 많이 발생하는 안검내반증(Entropion)과 안검외반증(Ectropin)이 있다. 이때는 외과적인 수술을 해 줘야 한다. 퍼그, 시추, 페키니즈 등은 코가 낮기 때문에 털이 눈을 자극하는 경우가 많다.
 개에겐 제3안검이라는 조

각막염에 걸린 애견

직이 있는데, 주로 눈물을 만들고 분비하는 곳으로 눈의 안쪽에 연분홍색을 띠고 있다. 병든 개의 경우에 때로 제3안검이 눈의 절반 이상을 덮기도 하는데 크게 걱정할 필요는 없다.

●체리 아이(Cherry eye)

제3안검의 내피에 위치한 조직이 때로 비대해지는데 이것을 '체리 아이'라고 한다. 이것은 눈에 혹 같은 것이 불쑥 부풀어오르는 형태로서 보기엔 약간 공포스럽지만, 대개의 경우 가벼운 증상은 항생제와 소염제가 함유된 연고를 주입함으로써 쉽게 고칠 수 있다.

심한 경우는 외과적인 수술로 제거해 주면 된다. 눈이 튀어나온 개들은 눈썹이나 나뭇가지에 의해서 눈에 상처를 받는 경우도 많으므로 주의해야 한다.

눈물은 눈을 습하게 해 주며 이물질이나 세균, 바이러스 등의 침입을 막아 주기도 한다.

애견에게 안약을 넣어주는 저자

눈물은 내안검 주위와 제3안검 뒤쪽에 위치한 눈물샘들로부터 생겨나 분비된다.

개도 사람과 마찬가지로 눈과 코를 연결시켜 주는 누관이 있는데 이 관이 폐쇄될 경우 눈물이 지나치게 많이 분비되거나 눈 주위 털을 갈색으로 물들게 하므로 이 때는 누관 수술을 해 줘야 한다.

● 백내장 (Cataract)

백내장은 수정체가 혼탁한 상태를 말하며 한쪽 눈 또는 양쪽 눈에 나타난다.

어린 개에게 나타나는 백내장의 경우 저절로 없어지기도 하지만 성견의 경우엔 염증성·당뇨병성·외상성·독성·망막 질병, 유전성·선천성 등의 원인에 의해서 발생하므로 정확한 치료를 해야 한다.

원인과 증상에 따라 수정체의 외과적 제거술도 고려해 봄직하다.

● 녹내장(Glaucoma)

눈의 내압이 상승, 개의 평상시 정상 안압(15~30mmHg)보다 비정상적으로 항진된 상태를 말한다.

눈의 통증, 불쾌감, 결막의 충혈, 각막 혼탁, 결막수종, 동공의 빛 반사 소실, 동공 확장 등 증상을 보이며 시력 감퇴 또는 소실과 함께 동공은 녹색을 띠게 된다.

치료 외과적 수술이 가장 정확하며 초기엔 동공 수축제, 교감신경 흥분제, 탄산탈수 효소 억제제, 삼투성 약품 등을 투약하기도 한다.

예방 접종

개도 사람처럼 어렸을 때 예방 접종으로 평생 건강의 기틀을 잡아 줘야 한다. 어떤 애견인은 3년이나 키운 정든 푸들을 안락사시키고 대성통곡하며 후회하는 경우도 있다.

평소 예방 접종 없이도 건강을 유지했다며 자랑하던

어린이들과 애견 상담을 하는 저자 윤신근 박사

그였지만 디스템퍼 신경형 증세 앞에서는 어쩔 수 없는 노릇이었다.

이런 경우는 생후 1년 이내에 몇 차례의 예방 접종으로 간단히 해결할 수 있었겠지만 병이 깊어진 뒤라면 사태는 엎질러진 물이 되고 만다.

개에게 반드시 해야 할 접종은 8가지 정도가 있다. 약에 따라 접종 시기도 다르지만 어느 경우에나 반드시

예방접종 계획표

동물	전염병 종류	시기	접 종 법	추가 접종
개	• 디스템퍼, 전염성 간염, 파보바이러스 감염증, 렙토스파이로시스, 파라인플루엔자 감염증 (DHPPL) • 켄넬코프(K.C) • 코로나 바이러스 감염증 (Corona) • 광견병(R.V)	4주	면역 기능 항진제 투여	매년 1회
		6주	DHPPL+Corona	
		9주	DHPPL+Corona+K.C	
		12주	DHPPL+Corona+K.C	
		16주	R.V	
고양이	• 범백혈구 감소증 전염성 비기관염 칼리시 바이러스 감염증 클라미디아시스 • 고양이 백혈병 • 전염성 복막염 • 마이크로스포럼 캐니스 (링웜)	4주	면역 기능 항진제 투여	매년 1회
		6주	FRCP+Ch	
		9주	FRCP+Ch+FeLV	
		12주	FRCP+Ch+FeLV+Rv	
		16주	FIP+Rw	
		20주	FIP	

임상 수의사의 진단에 따라야 안전하다.

DHPPL (5종 종합백신)

홍역, 전염성 간염, 렙토스피라, 파보바이러스성 장염, 파라인플루엔자 등 5가지 질병을 한꺼번에 예방한다. 생후 45일경에 1차, 생후 10주와 14주에 다시 2, 3차 접종을 해 주며 수의사의 진단에 따라 반드시 건강 상태를 확인한 뒤 접종해야 한다.

사람과 마찬가지로 예방 주사 뒤에 미열이 오르는 등 면역 형성 기간이 필요하므로, 접종 뒤 1주일 가량 목욕을 시키지 않고 보온과 영양 관리에 신경을 써야 한다.

홍역(Distemper)

개, 너구리, 스컹크, 여우, 늑대 등 야생 동물에게서도 발생하는 바이러스 질환이다. 사람에게는 전염되지 않으며 어릴 때 예방 접종을 하지 않거나 추가 접종을 하지 않은 개에게 잘 발생한다. 특히 어린 개나 늙은 개에게 많이 발생한다.

증상 및 치료 누런 콧물과 눈곱, 기침, 식욕 부진, 구토, 설사 등의 증상을 보이며 39.5~41℃의 높은 열이 난다. 증세가 악화되어 신경 증상이 보이면 안면부, 두부, 사지 및 전신에 경련을 일으키며 한쪽으로 계속 회전하는 등 치료가 어렵게 된다.

탈수를 방지하기 위하여 수액을 공급하고 2차 세균 감염 방지를 위해서 광범위 항생제 등을 투여해 주며, 아울러 면역 촉진제(Baypamun, Ultracorn, Gammasol) 등을 주사해 주면 애견 치료에 많은 도움이 된다.

백구 삼형제의 귀여운 모습

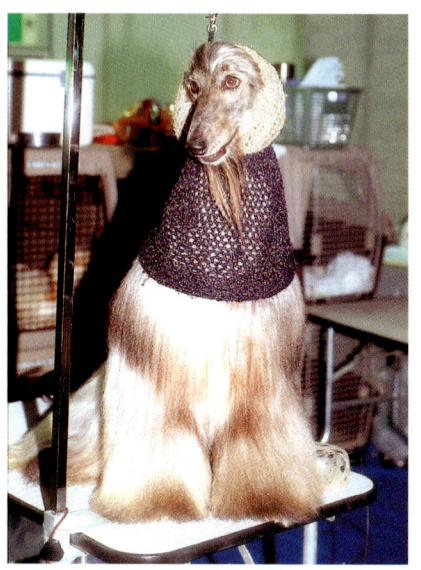

피부병 치료를 받고 있는 볼조이

아무리 훌륭한 치료라 할지라도 가정에서 간호를 잘 해 주지 않는다면 헛수고에 불과하다. 보충식으로는 계란이나 고단백 식품(Nutrical, 수의사 처방식 p/d 사료) 등이 있다.

● 예방

예방 접종 시기를 놓치지 말고 제때에 접종해 줘야 한다. 또한 감염된 개와 접촉을 피하고 항상 튼튼한 체력을 유지해 줘야 한다.

전염성 간염(Hepatitis)

전염성 간염은 바이러스 질환으로 주로 간에 영향을 미친다.

식욕부진과 함께 높은 열, 허약, 혈액 섞인 구토, 혈액 섞인 설사, 민감한 눈, 각막염 등의 증상이 나타나

각막의 백탁, 신생 강아지의 경우 원인을 알 수 없이 아무 증상이 나타나지 않고 갑자기 죽기도 한다.

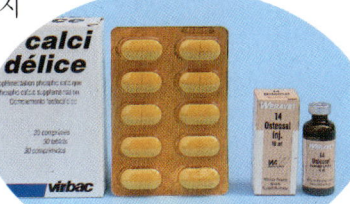
애견용 알약과 주사제

또한 감염된 개의 오줌이나 변을 통해 감염된다.

치료 방법 수액 요법, 비타민 투여, 수혈, 광범위 항생제 등의 방법이 있으나 무엇보다 세심한 간호와 보살핌이 필요하다.

강아지의 경우는 사망률이 높으며 예방을 위하여 예방 주사를 정기적으로 접종하면 된다.

파보바이러스성 장염(Pavo Virus)

1978년에 소련에서 처음 발생한 질병으로, 위장관 및 심장에 치명적인 영향을 주는 바이러스성 질환으로 40~41℃의 높은 열과 심한 구토, 토마토 케첩과 같은 설사, 식욕 부진, 탈수, 허약, 호흡 곤란 등의 증상을 보인다.

어린 강아지의 경우 2, 3일 만에 갑자기 죽기도 하는 무서운 전염병이다.

주로 과식이나 급작스런 사료 변경시, 돼

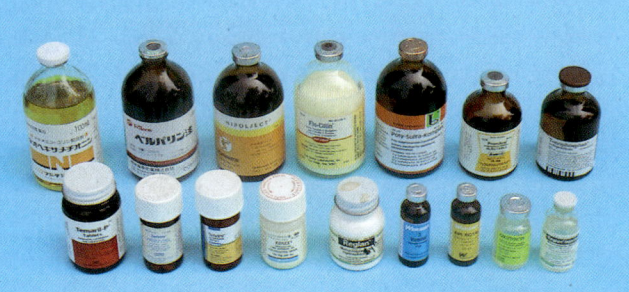

애견용 각종 주사제

지고기나 닭고기 같은 지방분이 너무 많은 음식을 공급했을 때, 기생충 구제가 제대로 되지 않아 설사를 하게 될 경우 발생한다.

또한 병든 개와의 접촉, 그리고 분변을 통해서 감염되기도 한다.

설사가 심할 땐 지독한 냄새는 물론, 기생충이 변에 섞여 나오기도 하는데, 이 때 기생충약을 먹이는 것은 허약한 개를 더욱 허약하게 만들 위험도 있으므로 신중을 기해야 한다.

치료 방법은 항생제, 수액 요법 등의 집중적인 투여가 필요하며 특히 탈수 방지에 더욱 신경을 써야 한다. 치료제로는 하트만(Hartman)액 등을 정맥 주사해 주며, 베이파문(Baypamun), 울트라콘(Ultracorn)과 같은 면역 촉진제나 네오마이신(Neomycin), 보갈(Borgal) 등의 주사제가 유효하다.

심한 탈수를 방지하기 위하여 전해질을 보충해 줘야 하는데 만약 설사가 멎었다 해서 곧바로 아무 음식이나 먹여서는 안 되며, 이 때는 상태를 살펴 가면서 유동식 음식이나 수의사 처방식인 a/d, i/d 등을 먹여 주면 좋다.

켄넬코프 (Kennel Cough)

감기는 만병의 근원이라고 한다. 그 가운데에서도 켄넬코프는 정말 골치 아프다.

켄넬코프에 감염되면 눈 주위에서 진물이 나고 심한 기침을 하는데, 홍역 등과 합병증이 오면 생명이 위험하다. DHPPL과 함께 1년에 1, 2회씩 접종해 줘야 한다.

코로나바이러스 (Corona Virus)

파보바이러스성 장염과 유

사한 증세인 혈변, 구토, 식욕 부진, 탈수 등으로 갑자기 죽는다. DHPPL 접종 뒤 3주 간격으로 2회 정도 접종하며 매년 1, 2회 접종해 줘야 한다.

파보바이러스와 마찬가지로 위장관에 심한 손상을 주는 질병으로 지독한 변 냄새와 구토, 오렌지색 또는 황록색의 심한 설사, 탈수 등의 증세를 보이며 7~10일 경과한 뒤 그냥 회복되기도 하지만 폐사율도 무시할 수 없으므로 주의해야 한다. 병든 개의 변이나 접촉을 통해서 전염되므로 반드시 격리 수용해야만 한다.

상처 입은 개 옮기는 법

치료 방법은 역시 파보바이러스와 비슷하며 제때에 예방 접종을 하여 건강을 유지해 주고 집 안을 깨끗이 소독해 줘야 한다.

광견병(Rabies)

최근 몇 년 동안 우리나라에는 광견병 발생 사례가 없다. 그러나 위협은 아직도 실존하고 있기 때문에 정부에서도 매년 봄, 가을 두 차례씩 의약품을 시중 동물병원에 공급하여 평소보다 저렴한 가격에 예방 접종을 권장 실시토록 하고 있다.

광견병을 일으키는 바이러스가 뇌를 공격해서 치명적인 결과를 초래하며 사람에게도 감염되는 무서운 질병이다.

광견병에 걸리면 개는 행동 변화에 따른 불안감과 극도의 우울함과 공격성이 역력해지며, 난폭해진 시기에는 무엇이든 닥치는 대로 물어 버린다.

또한 시끄러운 소음이나 밝은 빛 등은 개의 공격 기능을 더욱 자극하게 된다. 경련 발생 뒤 침묵기가 계속되면 인후부의 마비로 인하여 목소리가 변하게 되고 침

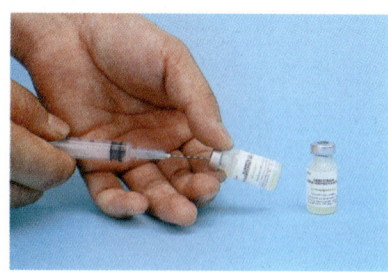
도 많이 흘리게 되며 먹고 마시는 기능 또한 상실된다. 아래턱이 마비되어 입을 벌리기 힘들고, 혀와 아래턱은 느슨하게 된다. 그 뒤 전신 경련과 함께 혼수 상태가 와 죽게 된다.

물린 상처 부위를 통해 바이러스가 감염되지만 박쥐가 서식하는 동굴에서는 공기로 전염된다는 보고도 나와 있다.

일단 개에게 물리면 일반 병원에 가서 외상 치료를 받으면 되지만, 문 개는 입원실이 준비된 동물병원에 가서 7~10일 동안 입원시켜 수의사의 진단을 받도록 세계보건기구(WHO)에서는 권장하고 있다.

입원하여 개에 이상 증세가 나타나지 않으면 광견병은 걱정할 필요가 없으며 사람의 외상 치료에만 신경을 쓰면 된다.

기생충 구제

어린 강아지도 어미의 태반을 통하여 감염되어 뱃속에 2~5cm나 되는 커다란 회충이 들어 있기 때문에 생후 21일경엔 반드시 기생충 약을 먹여 줘야 한다.

기생충 약을 먹일 때는 중독의 위험성이 있으므로 인체용 구충제는 금물이며 반드시 애견 전용 약품을 먹여 줘야 안전하다.

생후 21일경부터 시작하여 보름 간격으로 2, 3회 투여해 주며 생후 5, 6개월 이후엔 1, 2개월마다, 1년 이상 자란 성견은 2, 3개월마다 한 번씩 투여하면 충분하다.

임신견의 경우엔 임신 4일, 임신 28일경에 투여하면

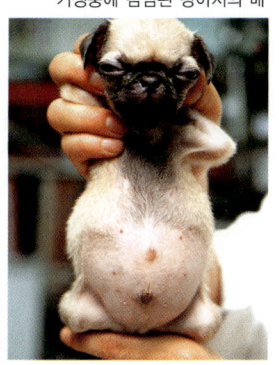

기생충에 감염된 강아지의 배

안전하지만 임신에 전혀 영향을 주지 않는 안전한 구충제도 있다.

● 회충(Round Worm : Ascaris)

개나 고양이가 주감염원이고 희고 둥근 모양의 디스크 형태로 감겨져 있으며 길이는 8~10cm 정도이다. 어미의 뱃속에서 태반을 통해 감염되기도 하며, 분변이나 구토한 이물질을 통해서도 감염된다.

기생충에 감염되면 구토·설사·거친 털·쇠약·기침 등의 증세가 보이고, 어린 강아지의 경우는 올챙이처럼 배가 유난히 부르기도 하다.

충란 검사 뒤 생후 21일 된 어린 강아지의 경우 보름 간격으로 기생충 구제를 해 줘야 하며 4, 5개월 된 강아지는 약 1개월마다, 성견의 경우는 2, 3개월에 한 번 정도 구제를 해 주면 된다.

개에게 인체용 약을 먹이는 것은 위험한 일이므로 반드시 애견 전용 약품을 투여해야 한다. 그리고 항상 철저한 위생 관리와 청결을 유지해 줘야 한다.

● 십이지장충 (Hook Worm)

개, 고양이뿐만 아니라 사람에게도 발견될 수 있다. 너무 작아 눈으로 식별하기 곤란하며 심한 빈혈, 허약, 혈변 등의 증세를 보인다. 음식물, 어미의 젖, 오줌, 피부를 통하여 감염된다.

예쁜 옷을 차려입고 나온 미니어처핀셔

종합 구충제를 투여하거나 구충 주사로써 구제할 수 있으나 무엇보다 청결이 최선의 예방책이다.

● 편충 (Whip Worms)

실 모양으로 생겼는데 아주 작아 눈으로 식별하기 어렵다. 오염된 흙을 먹고 감염될 수 있으며, 혈변·빈혈·허약·체중 감소 등의 증상을 보인다.

충란 검사 뒤 종합 구충제를 투여하고, 개집은 항상 건조하고 청결하게 유지해야 하며, 변은 그때그때 제거해 준다.

멋진 포즈를 취하고 있는 그레이하운드

●촌충(Tape Worms)

희고 편편한 모양으로 앞뒤로 운동하며 개나 고양이를 통해서 감염된다. 죽은 촌충은 쌀이나 씨앗 모양으로 항문 주위나 피부, 털, 그리고 분변에 부착되어 있기도 한다.

감염되면 가끔 설사를 하거나 체중 감소 등의 증세가 보인다. 촌충 전용 약품을 먹이면 되지만 예방을 위해서는 벼룩이 생기지 않도록 해 주고 설치류의 접근을 피하며, 날고기나 덜 익은 생선을 먹이지 말아야 한다.

멋진 포즈를 취하고 있는 레브라도 리트리버

● **콕시듐**(Coccidia)

너무 작아 눈으로 식별하기 힘들며 개, 고양이에게 감염된다. 감염 동물의 오줌이나 변을 통하여 감염되며 혈변(피똥)의 증세를 보인다.

분변 검사를 통하여 설파제나 항콕시듐 제제를 먹이면 되지만 좋은 환경을 유지해 주는 것이 최선의 예방책이다.

● **톡소플라즈마**(Toxoplasmosis)

너무 작아 눈으로 볼 수 없으며 높은 열과 식욕 부진,

깜찍한 모습의 빠삐용

체중 감소, 빈혈, 황달, 기침, 호흡 곤란, 허약, 구토 등의 증상을 보이며 날고기, 새, 개나 고양이 등의 감염 동물의 분변을 통해서 감염된다.

분변 검사를 한 뒤 설파제 등으로 치료하며 날고기나 덜 익은 고기 등을 먹이는 것을 삼가야 한다. 날고기 등을 요리할 땐 감염되지 않도록 신경을 써야 하며 요리 뒤엔 반드시 손을 깨끗이 씻어야 한다.

● 편모충(Giardia)

개, 고양이 등 모든 동물이 감염되며 아주 작아 눈으로 식별이 곤란하다.

6개월 이하의 강아지는 심한 설사 증세를 보이지만 어떤 개는 감염되어 있어도 증상이 없는 경우도 있다. 만약 사람이 감염되면 복부 경련과 팽만, 고열, 오심 등의 증상이 나타난다.

분변 검사 뒤에 후라졸리돈(Furazolidone)이나 메트로니다졸(Metronidazole) 등을 투여하면 매우 쉽게 치료된다.

● 간충(Strongyloids)

너무 작아 눈에 보이지 않으며 개, 고양이가 주감염원이다. 식욕 부진·폐렴·혈변·체중 감소·허약·피부 침투로 인한 피부 감염 등이 나타나는데, 특히 어린 강아지에게는 더욱 심한 증상이 나타난다.

분변 검사 뒤 티아벤다졸(Thiabendazole)을 투여하면 좋다.

투견용으로 키우는 도사견

● 심장사상충(Heart Worms)

최근 우리나라에서도 큰 문제가 되고 있으며, 주로 일본·대만 등 외국에서 수입한 개들에게서 많이 발생된다.

개·여우·늑대 등에 감염되며, 초기에는 식욕이 좋은 편이나 체중 감소·빈혈·기침·호흡 곤란, 쉽게 피로하고 복부 및 사지의 부종 등의 증세가 보인다.

심한 경우는 심장·폐·간 등에 손상을 주어 사망하게 된다.

모기에 의해서 감염되며 가늘고 둥근 모양으로 희고, 길이는 13~60cm나 된다. 혈액 검사로써 진단할 수 있으며 치료 주사도 나와 있다. 예방이 최선책이며 2개월에 한 번씩 기생충 주사를 맞히거나 구제약을 매월 1회 정기적으로 복욕시켜야 한다.

국내에 시판되는 약제로는 '하트가드(Heart Gard)·레볼루션' 등이 있으나 기본적으로 모기가 많은 지역을 피하고, 모기장 등을 설치하여 모기에게 물리는 것을 막아 줘야 한다.

● **원충성파이로플라즈마(Piroplasma)와 바베시아(Babesia)**

세계 각지에 널리 분포되어 있으며, 특히 외국에서 수입한 개에게 많이 발생한다. 국내에서는 핏불테리어 같은 투견이 싸움하다 가끔 감염되곤 한다.

어린 강아지, 성견 모두 심한 증상을 보이며 급성 호흡 곤란, 빈혈, 고열, 황달, 식욕 부진, 사지 등 말단 부위의 냉감, 심장 박동이 약하고 빠르며 혈색소뇨와 운

멋진 포즈를 취하고 있는 도베르만 핀셔

동 기피 등의 증상을 보인다.

   이런 증세가 보이면 신속히 수의사에게 개를 데리고 가서 혈액 검사를 한 뒤 정확한 치료를 받아야 한다. 조기에 치료하면 금방 회복될 수 있다.

응급처치 및 애견 상식

●상처받은 개 접근법

평상시 사람과 아주 친한 개일지라도 손상을 받게 되면 통증과 공포심 때문에 사람을 물 염려가 있으므로 접근할 때는 조심스럽게 개에게 안심을 시켜가며 개의 이름을 조용히 부르면서 접근해야 한다.

철망에 갇혀 있는 개는 성질이 사나우므로 조심해야 한다.

약 30cm의 간격을 두고 개의 이름을 부르면서 몸을 가까이 굽혀 점차 조금씩 접근하되 만약 공격적이면 잠시 멈췄다 반복하면 되고, 여의치 않을 경우엔 무력을 행사해야 한다.

이 때는 큰 수건이나 옷감 등으로 개의 얼굴을 가린 뒤 목 부위를 양손으로 잡으면 된다.

보정할 때는 숨을 제대로 쉴 수 있도록 편안하게 해 줘야 하며 체온, 맥박, 심박동 등을 체크해 본다.

만일 호흡이 잘 안 되면 인공 호흡을 실시해야 하며, 출혈이 심할 경우엔 지혈해 주고 중독 증상도 점검하며, 쇼크에 대한 처치와 골절 여부도 확인해 봐야 한다.

● 상처받은 개 다루기

물릴 염려가 있기 때문에 입을 잘 묶어 주고 편안하고 부드럽게 다루어야 한다. 나일론 끈이나 넥타이, 붕대 등으로 입을 가볍게 묶어 아래턱 부분에서 교차하여 머리 뒷부분에서 매듭을 해 준다. 개가 호흡 곤란이나 구토 증세가 보이면 속히 끈을 풀어 줘야 한다.

퍼그나 보스턴테리어 등 주둥이가 짧은 개는 입을 묶기가 힘들기 때문에 수건 등을 사용하여 보정해 주면 된다.

끈을 사용하여 주둥이를 먼저 묶은 후 귀 뒤쪽에서 매듭을 짓는다.

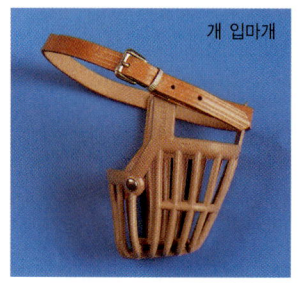

개 입마개

● 인공 호흡

잇몸이 창백하고 호흡 곤란이 오며 침울·허탈 상태를 보이면 인공 호흡을 해 줘야 한다.

인공 호흡을 하기 전에 반드시 맥박을 재 봐야 하며 맥박이 느껴지지 않을 경우엔 심폐 인공 호흡을 해 줘야 한다.

사람의 입을 개의 입에 대고 공기를 불어넣은 다음 개의 흉부가 가라앉은 뒤 또다시 반복한다.

동물병원에 도착할 때까지 분당 15회 정도 계속해야 하며, 인공 호흡 도중에도 맥박을 재 봐야 한다. 만일 개가 심박동과 맥박이 멈추고 숨을 쉬지 않는다면 생명이 긴박한 상황임을 깨달아야 한다.

인공 호흡 횟수는 보통 분당 20회이며 심장을 마사지하면서 실시한다.

●마사지 요법

한 손을 개의 가슴에 대고 그 손 위에 왼손을 겹쳐 대어 분당 60회 정도 실시한다. 이 때는 갈비뼈에 손상이 가지 않도록 주의해야 한다. 심장 박동이 시작되면 마사지를 멈추고 인공 호흡만 실시해 주면 된다.

●쇼크 처치

개의 심한 출혈, 외상, 체액 상실(구토, 설사, 화상), 심한 이상, 호흡 곤란 등으로 발생된다. 곧바로 치유시키지 않으면 죽음에 이르기도 한다.

증 상

1. 창백하고 진흙색의 잇몸
2. 약하고 빠른 맥박
3. 호흡 곤란
4. 35℃ 이하의 체온 저하로 피부 및 다리가 차게 느껴진다.

쇼크 증세가 나타나면 곧바로 수의사에게 도움을 요청해야 하며 운반할

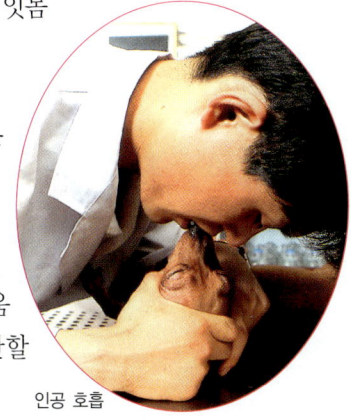

인공 호흡

때에는 머리 부위를 몸체보다 낮게 해서 옮겨야 한다. 가능하면 동물병원에 미리 연락해 준비할 수 있는 시간을 주는 것도 좋은 방법이다.

개의 생명을 구하는 데는 다량의 수액과 스테로이드, 그리고 산소가 필수적이다.

손상받은 개를 운반할 때는 심한 흔들림 등으로 상태가 더욱 악화될 우려가 있으므로 특별히 주의해서 다루어야 한다.

●상처 입은 개 옮기기

대형견은 한 손은 흉부를 받치고 다른 손은 복부를 받쳐 줘야 한다. 중형이나 소형견들은 왼팔로 흉부를 받쳐 주고, 오른팔로 안고 이동하면 된다. 쇼크 상태에선 빨리 움직이는 것은 상태를 더욱 악화시킬 우려가 있으므로 주의해야 한다.

네 다리가 굳어지는 마비 증세가 나타나면 매트리스, 옷, 담요, 타올 등으로 따뜻하게 감싸서 안고 운반하는 것이 좋다.

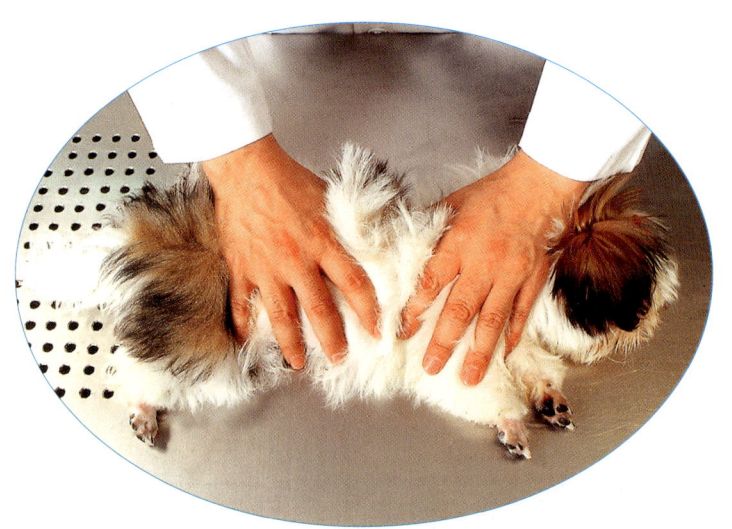
소파에서 떨어진 애견을 '심장 마사지' 하고 있다.

●독극물을 먹었을 때

어린 강아지들은 호기심이 많아 쓰레기통을 뒤지는가 하면 아무것이나 주워먹어 탈이 난다. 독극물뿐만 아니라 사람이 먹는 감기약, 몸살약 등도 어린 강아지에겐 치명적이기 때문에 안전한 곳에 두어야 한다.

독극물을 섭취했을 땐 우선 독극물을 토하게 한 뒤에 수의사에게 데려가면 치료에 큰 도움이 된다. 구토를 시키는 방법으로는 3% 과산화수소와 물을 1 : 1 비율로 섞어 체중에 따라 적당량을 투여해 주거나 소금물을 먹이는 방법이 있다.

약물 중독도 여러 종류가 있으므로 그에 따른 치료법도 약간씩 다르기 때문에 전문 수의사에게 반드시 의뢰해야 한다.

●애견 상비약

개에게도 여러 종류의 질병이 발생하게 되는데 무엇보다도 예방이 가장 중요하다. 또한 사소한 질병 발생 시 일일이 동물병원을 찾을 수는 없는 노릇이다. 그래서 가정에 웬만한 상비약쯤은 준비해 두는 것이 유익하며 응급 처치도 할 수가 있다.

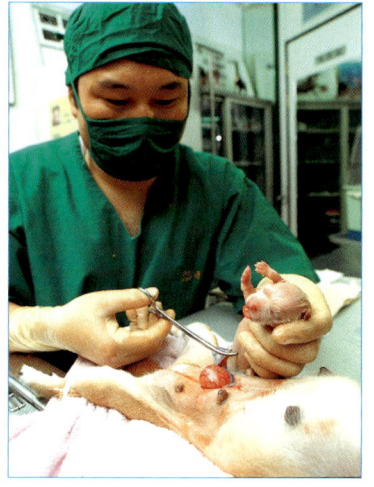
제왕절개 수술을 하고 있는 저자

애견 약품으로는 소화제, 설사약, 감기약, 영양제, 피부병 치료제, 귀약,

눈약, 구충제, 외부 기생충 구제용 스프레이, 프리벤틱 목걸이(Preventic ; 진드기나 외부 기생충을 예방하는 목걸이), 피부병 예방 샴푸, 분만 촉진제, 호르몬제,

애견용 샴푸와 린스

또한 임신견이 복용하는 칼슘 제제(Calcidelice) 등이 있다.

 이러한 약품을 구입할 때는 반드시 동물병원이나 애견 전문 약품상에서 구입해야 한다. 귀엽고 사랑스런 애견에겐 반드시 수의사와 상의한 뒤 애견 전용 약품을 먹여야만 안전하며, 인체용 약품이나 큰 동물용 약품을 함부로 투여하는 것도 금물이다.

● **체온 재는 법**

 개의 정상 체온은 38~39℃이다. 체온이 39.5℃ 이상이거나 36℃ 미만이면 위험하므로 동물병원으로 빨리 데려가야 한다. 개의 체온을 측정하려면 직장 체온계를 사용해야 하는데(끝이 둥글고 직장에 손상을 주지

"약은 이렇게 먹이는 거야"
어린이들이 자신의 애견을 데리고 와서 약 먹이는 법을 배우고 있다.

않는 체온계), 직장 체온계가 없을 경우엔 인체용 체온계를 사용해도 무방하다.

개는 사람처럼 구강을 통하여 체온을 측정할 수 없으므로 항문에 체온계를 주입하여 측정해야 한다.

이 때는 직장이 손상되지 않도록 체온계 끝에 글리세린을 바른 다음 주입하면 좋다. 체온계를 삽입한 뒤 강아지가 심하게 움직여 파손될 염려가 있으므로 잘 붙잡아 줘야 하며, 약 3분 지난 다음에 체온계의 눈금을 읽으면 된다.

● 강아지 약 먹이는 법

애견을 사육하다 보면 개의 건강을 위하여 치료제, 영양제, 소화제 등 여러 가지 약을 먹여야 할 경우가 많다. 그러나 약을 제 스스로 알아서 먹는 개는 지구상에 한 마리도 없을 것이다. 그렇기 때문에 개 주인이 약 먹이는 방법을 잘 숙지해 둬야 애견의 건강 장수가 보장된다.

알약 먹이기

한 손으로 개의 위턱을 가볍게 눌러 개의 머리가 하늘을 향하도록 하여 입을 벌린 뒤 다른 손에 들고 있는

여러 종류의 애견 밥그릇

알약을 손가락 끝에 쥐고 목구멍 깊숙이 집어넣어 얼른 입을 다물게 한 다음 손으로 목을 몇 번 쓰다듬어 주면 된다.

이 때는 개의 혀가 입 밖으로 날름거릴 때까지 기다려야 약이 목구멍으로 넘어갔음을 확인할 수 있다. 또한 알약을 고기 속에 집어넣어 꿀꺽 삼키게 하는 방법도 있다.

가루약 먹이기

가루약도 역시 개의 고개를 45도 정도 하늘을 향하게 하고서 옆입술을 벌려 봉투와 같은 형태가 되게 하여 그 곳에 가루약(찻숟가락에 담아서)을 넣은 뒤 비비면 된다. 이 때에도 약을 다 먹을 때까지 개의 고개를 들고 있어야 한다. 또한 가루약을 맛있는 치즈나 버터 등에 발라서 먹이는 방법, 물에 섞어서 먹이는 방법 등도 있다.

물약 먹이기

이 방법 역시 개의 고개를 들고 입을 벌려 숟가락이

나 주사기를 이용하여 입천장이나 혀에 주입하는 방법과 입을 벌리지 않고 옆입술을 벌려 약을 주입하는 방법 등이 있다.

물약을 먹일 때는 기관지나 폐로 넘어가지 않도록 혀를 움직이는 것을 보아 가며 천천히 주입해야 한다.

겔(gel)이나 연고 형태의 약 먹이기

튜브에 들어 있는 약은 먹이기가 아주 간편하다. 꾹 눌러서 코끝에 발라 주거나, 입 속에 직접 주입해 주거나 손가락 끝에 묻혀서 먹이면 된다.

미용(Grooming)

● 눈물 자국

하얀 개들은 눈물을 조심하라. 시도 때도 없이 흘러내린 눈물 자국으로 귀여운 용모를 해치는 개들이 많다. 특히 털이 하얀 순백색 개나 말티즈, 푸들, 시추, 요크셔테리어 등의 개들은 눈물로 인해 안면 털이 엉겨붙

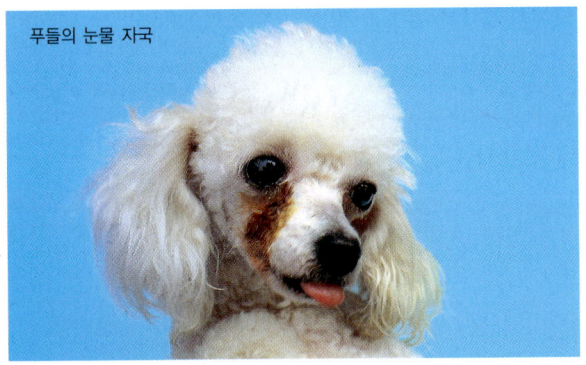

푸들의 눈물 자국

고 얼룩져 본의 아닌 '울보' 취급을 받거나 오래 방치할 경우 좋지 않은 냄새까지 더해 개 체면을 엉망으로 만든다.

눈물 자국은 개의 건강 장수에 별다른 지장은 없지만 애견의 생명인 미관을 크게 해치며, 하루에도 몇 차례씩 얼굴을 닦아 줘야 하는 등의 잔손질로 골칫거리다.

눈물이 가실 날 없는 개들은 눈물이 많은 과다 분비이거나 눈에서 코로 이어지는 가는 눈물관(누관)이 막혀 버렸기 때문이므로 그 원인만 제거하면 간단히 치료된다.

그 밖에 평소 청결을 유지하고 개 눈에 잡티나 먼지 등이 들어가지 않도록 하는 게 요령이다.

'아이브라이트' '크린아이' 등 예방 겸 눈물 자국 제거제가 시판되고 있으며, 얼룩이 심할 땐 분필처럼 생긴 하얀 초크 스틱으로 아예 '화장'을 시키는 경우도 있다.

치료제로 개 전용 안약을 하루 2회 정도 눈에 주입하면 가벼운 결막염 등은 4, 5일 이내에 치유되며 눈물도 그친다. 가정 치료로 눈물자국이 가시지 않으면 눈물관이 막힌 것으로 판단, 수의사에게 수술을 의뢰해야 한다.

최근엔 도심의 먼지와 대기 오염 등으로 인해 코 쪽 눈물관이 막혀 버려 눈물을 줄줄 흘리는 개들이 부쩍 늘어난 추세다.

전신 마취로 수술을 해야 하므로 수술비가 비싼 편이나 누관만 뚫어 주면 '울보' 누명을 깨끗이 벗을 수 있다.

● **털갈이**

개는 이른 봄부터 여름에 걸쳐서 겨울 털이 빠진다. 빠른 개는 2월 초부터 털이 빠진다. 털갈이는 개의 건강 상태에 따라

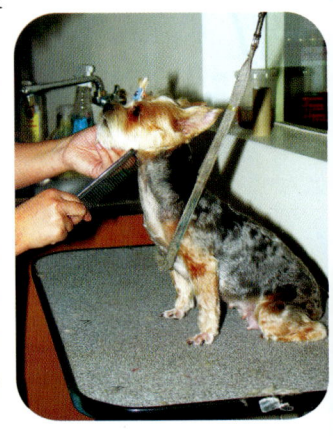

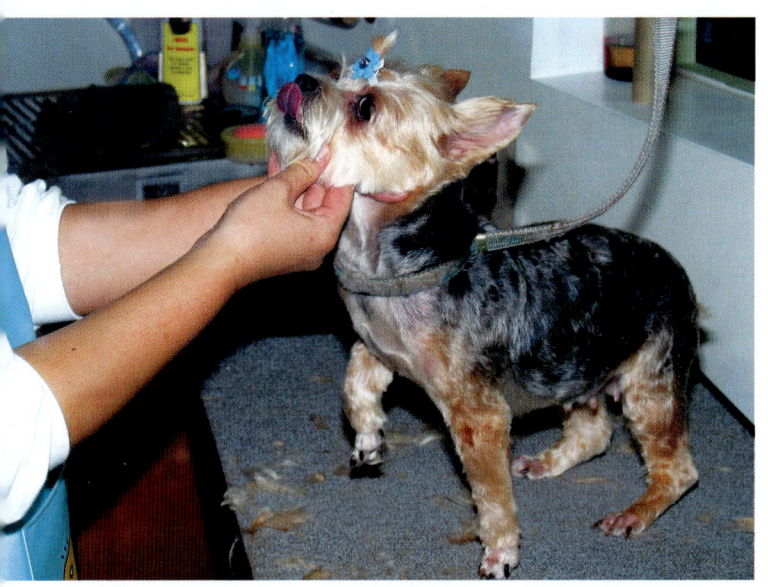

미용사에게 털을 손질받고 있는 요크셔테리어

차이가 있으며 젊고 체력이 건강한 개는 빨리 시작하여 단기간 동안에 끝난다. 그러나 나이가 많은 개나 병든 개는 체력이 약화되어 털갈이가 더디고 오래 간다.

   털갈이 때 털이 덜 빠져 엉덩이, 가슴 부분에 뭉치는 경우가 있으므로 빗질을 해 줘야 한다.

   특히 장모종의 경우에는 털이 엉켜 버리거나 뭉쳐서 피부병에 걸리기 쉬우므로 매일 깨끗하게 빗질을 해 줘야 한다.

요즈음 아파트나 실내에서 사육하는 개들은 실내 기온의 변화가 별로 없기 때문에 연중 계절에 상관없이 털갈이를 하기도 한다.

●목욕

개도 사람처럼 목욕이 필요하다. 개가 혀만 가지고 제 몸을 깨끗하게 하기엔 아무래도 역부족이다.

개 목욕은 며칠에 한 번이 적당할까? 아무리 불볕 더위가 쏟아진다 해도 개에게 사람처럼 하루 서너 차례씩이나 찬물을 끼얹을 순 없는 노릇이다. 반대로 고온다습한 계절엔 개 목욕을 게을리하면 개 비린내는 물론 피부병에도 쉽게 노출돼 건강에 좋지 않다.

개 목욕 횟수는 키우는 사람에 따라 하루 한 번에서 한 달에 한 번 정도로 다양하지만 일반적으로 치와와, 미니핀, 슈나우저, 퍼그, 도베르만 등 단모종은 1주에 1회, 말티즈, 푸들, 요크셔테리어, 시추, 포메라니안 등 장모종은 5일에 1회 정도가 적당하다.

  실내 사육 단모종의 경우 린스는 필요없고 샴푸만 하여 간단히 헹궈 주며, 장모종은 샴푸와 린스를 다 같이 해 줘야 모질 관리 효과가 크다.

  샴푸 목욕은 미리 물을 받아 샴푸를 풀어 놓은 상태에서 하거나 개 몸에 샴푸를 바른 다음 샤워를 시키는 것 어느 방법이나 다 좋은데, 어느 경우에나 개 귀에 물이 안 들어가도록 주의하며, 여름이더라도 약간 미지근한 물로 심장에서 먼 사지와 꼬리→몸통→머리→배 순서로 물을 묻혀 주고 목욕 뒤 충분히 말려 주는 게 요점

단모종인 복서의 늠름한 모습

이다.

귀에 물이 들어가지 않도록 하기 위해선 두 귀를 밑으로 처지도록 해 왼손 엄지와 중지로 귀바깥을 눌러 준 상태로 목욕시키거나 아예 솜 등으로 귓구멍을 막고 나서 물을 끼얹는 게 안전한 방법이다.

일반용 개 샴푸와 비슷한 가격대의 개 외부 기생충 구제 샴푸, 말티즈나 푸들 등 털빛이 하얀 개를 위한 표백 샴푸 등이 시판되고 있으며, 눈과 얼굴 주위 얼룩만을 국소적으로 깨끗이 해 주는 '크린아이' 등도 나와 있다.

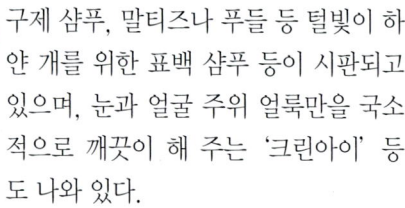

목욕 도중 피부를 살펴 피부병 유무에 주의를 기울여 주며, 목욕이 끝난 뒤 물기가 남은 상태에서 발톱을 깎아 주는 것도 좋다.

헤어드라이어로 말릴 땐 찬바람과 더운 바람을 교대로 불어 주면서 귀 주변에 남은 물기를 완전히 제거해 준다. 목욕 뒤에도 항문 주위 등이 변색됐거나 지저분할 때 가볍게 가위질을 해 털을 잘라 준다.

가끔 항문을 땅바닥에 대고 끌고 다니는 개들이 있는데, 대부분 항문낭에 이물질이 많이 차 있기 때문에 그러한 행동을 하게 되므로 1, 2개월에 한 번씩 항문선의

귀여운 어린이가 애견 풍선을 끌고 가고 있다.

분비 물질을 화장지 등으로 항문 돌출 부위를 눌러서 제거해 주면 된다.

실외견 사육시엔 너무 덥지 않은 석양 무렵을 택해 역시 같은 요령으로 목욕시켜 주고 자연 건조를 시켜도 무방하다.

●성형 수술

개가 성장하면 그 품종과 특성에 따라 귀를 잘라 주

는 일도 애견 생활의 필수다.

멋진 귀는 개의 품위를 더해 주지만 아무리 좋은 품종이라 할지라도 귀가 축 늘어졌거나 귀 수술이 잘못되었다면 우선 외관부터가 초라하다.

귀를 잘라 주는 견종으로는 그레이트데인, 도베르만 핀셔, 복서, 미니어처 핀셔, 슈나우저, 핏불테리어, 보스턴테리어 등만 잘라 주지만 요크셔테리어의 경우에도 귀가 축 늘어져 보기 싫을 때는 수술해 주기도 한다.

귀를 자르는 시기는 연골 조직이 잘 발달된 생후 8~

14주 사이가 좋다. 이 시기에 수술하면 출혈과 통증이 적고 회복이 빨라 마무리 모양새도 깨끗하다. 이 시기를 놓쳐 너무 늦게 자르면 심한 통증뿐만 아니라 부작용마저 우려되므로 제때에 잘라 줘야 한다.

영리해서 군견으로 많이 쓰는 셰퍼트의 늠름한 자태

단, 이 수술은 그냥 자르는 것이 아니고 개의 체형과 수의학적인 견지에 따라 실시하므로 반드시 애견 전문 수의사에게 의뢰해야 한다.

그레이트데인의 경우에는 귀를 길게 잘라 주기 때문에 귀가 더디 설 염려가 있으므로 반창고나 보정틀을 이용하여 반듯하게 세워 줘야 한다.

●치아 관리

아무리 예쁜 애견이라 할지라도 입에서 냄새가 심하

게 나면 곤란한 일이다. 개도 사람처럼 평소의 칫솔질과 정기적인 스케일링을 하여 치아 건강을 유지해 줘야 한다.

영양 부족 등으로 제때에 이를 갈지 못한 개에게서는 심한 냄새가 나는 것은 물론 치주염, 소화 불량 등으로 발전해 장수에 지장을 준다.

개의 처음 이갈이 시기는 보통 생후 4, 5개월부터다. 앞니(문치)가 먼저 빠지고 새로 나오는데 생후 7, 8개월까지는 영구치로 완전히 교체된다.

치아 관리의 기본 용품으로는 개 칫솔과 개 치약이 있는데 매일 이를 닦아 주는 것도 잊지 말아야 한다.

이 밖에도 치아 운동용 끈, 구강 스프레이, 개 껌 등이 있으며 썩은 이, 치석, 유치 제거 등 필요에 따라서는 약간의 경비가 들더라도 수의사에게 적절한 조처를 의뢰해야 한다.

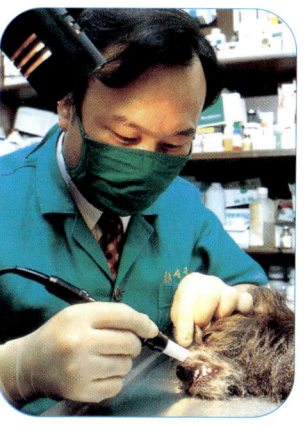

애견의 치석 치료를 하고 있는 저자

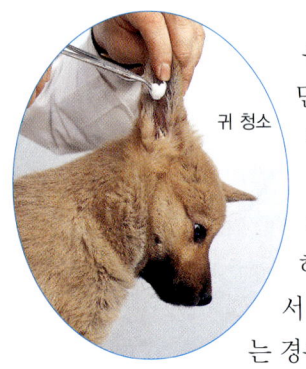

귀 청소

유치 제거나 치석 제거를 할 때면 전신 마취 등의 외과적 방법이 동원된다.

강아지에게는 사람이 쓰는 치약이나 스프레이 등을 사용하면 안 된다. 애견 스스로 알아서 사람이 쓰는 치약 등을 뱉어내는 경우는 단 한 마리도 없을 테니까.

● **귀 청소**

개의 냄새는 주로 귀나 입에서 많이 난다. 귓속에는 이어 마이트가 살며 귀를 가렵게 할 뿐만 아니라 분비물을 배설하여 귓속이 축축해지고 불결해져 염증을 동반하기도 하여 심한 냄새가 난다.

그래서 이를 예방하기 위하여 이어 마이트 컨트롤(Ear mite Control) 등으로 5일 간격으로 한 번씩 깨끗이 닦아 주면 귓속에 있는 벌레 구제는 물론 보다 확실한 귀 청소 방법이 된다.

귀를 닦아 줄 때는 면봉에 약을 묻혀 귓속의 유연한 조직이 손상되지 않도록 조심스럽게 닦아 주면 된다. 귀털이 너무 많

으면 귓속에 공기가 잘 통하지 않아 염증을 일으킬 수 있으므로 포셉(의료기)을 사용하여 깨끗이 뽑아 준다. 귀털을 뽑아 준 뒤엔 항생제 연고 등을 발라줘야 염증을 예방할 수 있다.

애견용 빗

● **털 손질**

개는 털이 짧든 길든 털 손질을 꼭 해 줘야 한다. 털 손질을 하지 않으면 피부병 등 털이 엉켜 모양새가 엉망이 되기 때문이다. 털 손질은 단모종의 경우 1주일에 두세 번 정도 장갑을 낀 손으로 쓰다듬어 주거나, 브러시 등으로 빗어 주면 되고, 털이 긴 장모종의 경우는 매일 아침 저녁 수시로 빗어 주어 엉킴을 방지해 준다. 평소에 잘 빗어 주지 않으면 귀 뒤쪽과 엉덩이 뒷다리 털이 엉키기 쉽다.

엉킨 털을 풀 때는 가능한 한 털이 많이 빠지지 않도록 해 줘야 하며 평소 규칙적인 털 관리가 중요하다. 빗질은 어릴 때부터 부드럽게 해 줘야 하며 가위질은 발바닥 털로 인해 미끄러질 염려가 있거나, 엉덩이의 털을 자르지 않아 항문 주위에 똥이 묻어 지저분할 경우,

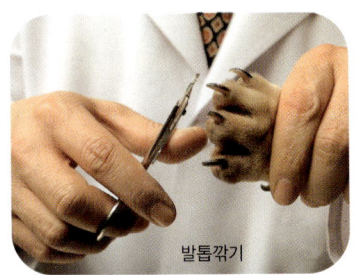
발톱깎기

그리고 털이 부분적으로 보기 싫게 자라나 있을 때 해 줘야 한다.

● **발톱 깎기**

발톱은 생후 1개월 전후부터 잘라 줘야 하며, 운동을 많이 하는 개들은 발톱이 닳기 때문에 깎아 줄 필요가 없다. 발톱을 깎아 주지 않으면 옷이나 카페 등에 걸려서 넘어져 뼈가 부러지거나, 주인을 할퀼 염려도 있으므로 자주 깎아 줘야 한다. 발톱이 너무 긴 성견의 경우 걸음걸이가 엉거주춤한 경우도 있다.

발톱을 자를 때는 혈관이 분포되어 있는 부분을 피해 깎아 줘야 하며 너무 짧게 잘라 출혈이 되지 않도록 주의해야 한다.

발톱을 너무 짧게 자르다 출혈이 되어 놀란 강아지는 발톱을 자를 때마다 강한 거부감과 반응을 하게 된다.

만약 출혈이 있을 경우엔 질산은(Silver Nitrate)과 같은 지혈제를 사용하면 금방 지혈된다.

애견용품

애견 문화가 보편화되면서 애견에게 필요한 용품의 종류도 다양화되었다. 애견용품은 주로 외국에서 수입하는 수입품에 의존하는 형편이었으나 최근 들어 국내에서도 용품 개발에 박차를 가해 샴푸나 린스, 개집, 옷, 리본, 개껌, 목줄, 끈, 밥그릇에 이르기까지 좋은 제품이 서서히 생산되고 있다.

그러나 아직도 애견용품이 대량 생산되지 못하기 때문에 값이 비싸 애견가들에게 부담을 안겨 주고 있는 형편이지만 믿을 만한 애견 전문 백화점 등에서 구입하면 시중 가격보다 훨씬 저렴하게 구입할 수 있다.

애견용 샴푸와 린스

● **샴푸 · 린스**

개의 피부와 털을 보호해

주려면 반드시 애견용 샴푸를 써야 한다.

인체용 샴푸나 린스, 비누, 심지어 주방용 세제를 사용하기도 하는데, 접촉성 피부염(습진) 등 탈모의 원인이 되므로 절대 사용해선 안 된다. 개 전용 샴푸라 해도 5일~1주일에 한 번 정도 사용하는 게 적당하다.

● 옷

치와와나 미니어저 핀셔 등 털이 짧은 개들은 유난히 추위를 타기 때문에 겨울뿐만 아니라 봄, 가을에도 개

애견종합백화점에 진열되어 있는 여러 가지 애견용품

옷을 입혀 주는 게 안전하다.

개가 추위를 타기 시작하면 활동성이 저하됨은 물론 감기에 쉽게 걸릴 수 있다.

강아지를 데리고 외출할 때나 집에 손님이 찾아올 때도 개에게 옷을 입혀 주면 주위 사람들로부터 예쁘다는 칭찬을 받음은 물론 털이 덜 날려서 좋다.

● 애견 팬티

암캐의 경우 6개월에 한 번씩 찾아오는 불청객을 청결하게 유지해 줄 뿐만 아니라 대소변을 못 가리는 철부지 어린 개에도 긴요하게 사용할 수 있다.

실내에서 키울 경우 분비물로 이불이나 옷 등 이곳저곳 얼룩지는 것을 막아 주며, 발정한 암캐와 이웃집 수캐의 사통(私通)도 방지해 준다.

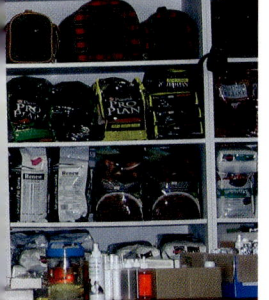

● 기타 애견용품

이 밖에도 털 관리에 적당한 브러시와 빗, 귀를 깨끗하게 닦아 주는 '크린 이어', 대소변을 유도해 주는 '굿보이', 패드·변기·치아를 깨끗하게 해 주는 칫솔·치약·구강 스프레이 등이

애견용 옷과 신발

있다.

 또 눈 주위가 지저분할 때 깨끗하게 해 주는 '크린아이', 대소변 냄새를 없애 주는 개 과자 '비스칼·향수, 고기 스낵·개껌, 개 목줄, 끈, 개집, 실외 하우스, 야외로 외출할 때 신겨 주는 개 신발, 머리에 매달아 아름다움을 더해 주는 리본, 강아지의 친구가 되어 주는 장난감, 모자, 배낭, 선글라스, 이 밖에도 젖병, 분유, 이유식, 발톱깎이, 물통, 밥그릇 또는 장롱이나 정원수 등을 함부로 마구 물어뜯거나 짓밟을 때 영역을 표시해 주는 '바운더리' 등이 있다.

애견 전람회

봄·가을은 '애견의 계절'이기도 하다. 봄, 가을이 되면 전국 애견 단체나 각 협회에서 주최하는 애견 전람회 개최가 잦아진다. 개들의 미스코리아를 뽑는 이 같은 독쇼는 꼭 실제로 자기의 애견을 출전시키지 않더라도, 여러 종류 개들의 품성과 체형을 한 자리에서 비

국제 애견 심사위원이 국내 애견대회에서 슈나우저를 심사하고 있다.

교해 볼 수 있기 때문에 모처럼의 휴일 가족 나들이를 겸한 볼거리로 환영을 받는다. 한 나라 애견 문화의 수준을 가늠할 수 있으며 그냥 관람하는 것만으로도 애견 사육에 관한 정보 교환과 '공부'의 기회가 되므로 애견가들의 관심을 모으기에 충분하다.

독쇼는 주관 단체별로 외모, 품성, 혈통 등 점수를 매기는 비중이 약간씩 다르지만 어느 경우에나 가장 훌륭한 '견공' 선발을 목표로 한다.

진돗개, 셰퍼드, 기타견(애완견 및 중형견) 등으로 품종을 나눠 각 품종마다 성견(2살 이상), 미성견(18~24개월), 약견(12~18개월), 유견(6~12개월), 자견(3~6개월) 등으로 연령군에 따라 심사하는데 최우수견은 대개 성견조에서 나온다.

애견 트로피

JKC(일본애견협회)와 AKC(미국켄넬클럽) 등 세계적인 단체 본부전은 2, 3일씩 계속돼 '애견축제'를 벌이는데 참관은 모두 무료라

애견은 인간들에게 주인에게 절대 충성하는 '충직성'을 가르쳐 준다.

는 게 독쇼의 특징이다.

 참관 요령은 사전에 미리 예정된 조별 심사 시간대에 맞춰 자신이 관심을 가진 견종을 '심사위원'의 눈으로 꼼꼼이 따지고 관찰해 스스로 등위를 매겨나가면 흥미를 더할 수 있다.

 단순한 관람 목적으로 집에서 키우는 개를 동반할 경우 목줄을 채워 낯선 개끼리 서로 으르렁대는 등 '불상사'가 없도록 자제시키며, 배설을 위한 수거용 비닐 봉지도 지참하여 환경 오염을 방지해야 한다.

●애견 관련 단체

미국이나 영국 등에서는 애견 협회, 클럽, 보존회 등 여러 가지 단체가 많이 있다. 세계적인 애견 단체로는 세계축견연맹(FCI), 영국에 있는 켄넬클럽(K.C), 미국에 있는 미국켄넬클럽(AKC), 일본에 있는 일본애견협회(JKC) 등이 있다. 또한 우리나라에는 한국애완동물보호협회, 한국애견협회, 한국동물보호연구회(☎02-2266-1440) 등이 있다.